AF329335

MAGASIN THÉATRAL
CHOIX DE PIÈCES NOUVELLES

Prix : **40** centimes

BARBRÉ, ÉDITEUR
12, BOULEVARD SAINT-MARTIN, 12

ATAR-GULL

MÉLODRAME EN TROIS ACTES ET SIX TABLEAUX

Imité du roman de M. Eugène Sue

PAR

MM. ANICET-BOURGEOIS ET MICHEL MASSON

Représenté pour la première fois, à Paris, sur le théâtre de l'Ambigu-Comique, le 26 avril 1832

Distribution de la Pièce.

THOMSON, riche planteur.	MM. Thénard.
RICHARD, jeune colon.	André.
DRICK, commandeur des esclaves de Thomson. . .	Eugène.
ATAR-GULL, esclave.	Albert.
JOB, vieil esclave, père d'Atar-Gull.	Constant.
BAGUENAUDAIS, valet de chambre de Thomson. . .	Francisque Jⁿ.
BRULART, négrier.	Barbier.
CHAM, chef des nègres empoisonneurs.	MM. Lamarre.
HUG, nègre surveillant.	Alexandre.
VERNEUIL, docteur.	Cullier.
JENNY, fille de Thomson.	Mᵐᵉˢ Gauthier.
CLÉMENTINE, sa sœur.	Fresson.
LA MÈRE BAGUENAUDAIS.	Lecomte.
UNE COMMÈRE.	Laure.

ACTE I.

SCENE PREMIERE.

JOB, Esclaves des deux sexes, HUG, puis DRICK.

Le lever du rideau présente le tableau d'une fabrique coloniale en pleine activité; des nègres font tourner la meule; d'autres vont et viennent, courbés sous le poids des charges de cannes à sucre. Le vieux Job est assis sur un banc. Le tintement d'une cloche se fait entendre; à ce bruit, tous les travaux s'arrêtent, les esclaves des deux sexes viennent se ranger en demi-cercle sur le devant du théâtre : ils ont chacun à la main une écuelle de bois. Job, dont la marche et les mouvemens accusent une extrême vieillesse, vient se placer à l'extrémité inférieure de la ligne formée par les esclaves. Hug arrive, suivi de deux esclaves qui portent sur leurs épaules un bâton dans lequel est passé l'anse d'une large chaudière de cuivre.

HUG, *aux esclaves.* Allons, tendez vos écuelles, que je donne à chacun sa ration de maïs. (*Il va de l'un à l'autre; arrivé à l'extrémité, où se trouve Job, Hug s'arrête.*) Qu'est-ce que tu demandes, toi, vieux Job?

JOB. Ma part comme les autres.

HUG. Tu sais bien que depuis huit jours Drick, le commandeur, t'a défendu de te présenter à la distribution.

JOB, *à part.* On veut donc en finir avec le vieux Job?.. Si Atar-Gull n'était pas aux fers, il partagerait avec moi... Bon fils !.. les blancs le feront mourir aussi...

Pendant que Job se parle ainsi, les nègres se sont groupés en cercle, et semblent aussi parler entre eux; un négrillon va prendre l'écuelle de Job, et l'apporte aux esclaves qui y mettent chacun de leur portion. L'enfant revient vers Job avec l'écuelle et la présente au vieillard.

JOB, *à l'enfant.* C'est pour moi?... Qui m'envoie cela? (*L'enfant montre les esclaves.*) Ah ! merci, mes frères. (*En ce moment on entend claquer le fouet du commandeur; tous les esclaves font un mouvement d'effroi, et Job dit en jetant loin de lui l'écuelle.*) Malheur à nous! voilà le commandeur.

DRICK. Alerte! mes agneaux noirs, dépêchons-nous de dîner et de reprendre du repos, ou gâteau lanières. (*Apercevant Job.*) Ah! te voilà; vieux Job! Les travailleurs seuls ont le droit de se présenter ici. Qu'as-tu fait dans ta journée?

JOB. Job est si vieux... il n'a plus de force... les fatigues et les coups ont usé le corps du pauvre esclave.

DRICK. Que le pauvre esclave gagne son pain, il en aura...s'il n'est plus bon à rien, qu'il mendie... Tu as coûté quinze cents francs au planteur Thomson, ton maître; ce n'est pas pour qu'il te nourrisse à rien faire. (*Désignant une meule de pierre.*) Allons, rentre cette meule dans la fabrique, tu dîneras après.

JOB. Quoi! cette lourde pierre...

DRICK, *le menaçant.* Obéis.

JOB, *à des esclaves.* Frères, aidez-moi à me charger.

Deux esclaves l'aident à placer la meule sur ses épaules. Job fait quelques pas en chancelant sous le poids qui l'accable.

DRICK. Allons, marche.

JOB, *tombant avec son fardeau.* Tue-moi là; je n'irai pas plus loin.

DRICK. Tu vois bien, vieux Job, que tu n'es plus bon à rien... Allons, sors d'ici. (*Aux nègres.*) Et vous, allez reprendre vos travaux au bout de l'anse Corbet.

Les nègres sortent; au moment où Baguenaudais arrive, ils s'inclinent.

BAGUENAUDAIS. Bonjour, moricauds..... bonjour.

DRICK. Eh! c'est Baguenaudais, le nouveau valet de chambre français de sir Thomson, notre patron.

Les esclaves sortent, Job a disparu.

SCÈNE II.

BAGUENAUDAIS, DRICK.

BAGUENAUDAIS. Pour des êtres qui ne sont pas civilisés, je les trouve très-polis, vos nègres...

DRICK. Par quel hasard vous voit-on aujourd'hui à la fabrique?

BAGUENAUDAIS. Je précède en coureur sir Thomson, notre maître, qui vient ici en partie de plaisir, avec mesdemoiselles Jenny et Clémentine, ses deux filles, et son gendre futur, Richard Burnett...

DRICK. Ah! on vous emmène aux promenades; vous êtes bien heureux!

BAGUENAUDAIS. Eh bien, oui... mais je ne suis pas encore content: ce n'était pas pour en arriver là que j'avais quitté Paris, il y a deux ans. Avez-vous lu Robinson Crusoé, monsieur Drick?

DRICK. Jamais.

BAGUENAUDAIS. Alors vous ne connaissez pas l'auteur de tous mes maux. Figurez-vous que ce scélérat de Robinson a fait le charme de ma jeunesse, et m'inspira la passion frénétique des voyages, le désir insurmontable de m'embarquer pour faire fortune. L'intéressante Gibecienne, c'est une autre passion frénétique; la jeune et belle Gibecienne, dis-je, née avec un cœur sensible, se trouva un jour éprise de moi; je lui offris ma main, elle me dit: Amasse-toi un magot, mon garçon, et je t'épouse-rai. Là-dessus, je lui fis jurer fidélité, et je partis un beau matin avec un ami qui éprouvait comme moi le besoin de richesses. Mon ami avait de l'intelligence, moi, j'avais emporté la tirelire à maman. La traversée fut heureuse; mais au bout de six mois de spéculations fort ingénieuses, ma petite fortune se trouva mangée, et je restai à la Jamaïque, sans argent et même sans intelligence, car la fièvre jaune avait emporté mon associé.

DRICK. C'est alors que vous avez trouvé une place de valet de chambre chez notre riche planteur, sir Thomson?

BAGUENAUDAIS. Sans doute; mais il est dur de se trouver domestique quand on s'était arrangé pour être millionnaire; aussi j'économise sur mes gages pour m'acheter un nègre. Je serai toujours domestique, c'est vrai; mais il fera mon ouvrage. N'est-ce pas que c'est bien imaginé? Quand j'en serai là, vous m'aiderez à choisir dans votre magasin.

DRICK. Je pourrai vous adresser à Brulart, celui qui fournit ordinairement des esclaves à notre habitation.

BAGUENAUDAIS. Tiens, comme ça se trouve; je viens de le rencontrer, il est débarqué ce matin à l'anse Nelson avec une pacotille; il doit venir ici, parlez-lui pour moi.

DRICK. Parbleu, le voilà justement, il vient fort à propos. J'ai à lui laver la tête, à ce fripon de négrier.

SCÈNE III.

LES MÊMES, BRULART.

BRULART, *à la cantonnade.* Halte là, mes petits Namaquois... Bonjour, commandeur Drick.

DRICK. Il faut que vous ayez un fameux front pour vous présenter ici, après nous avoir vendu des nègres qui changent de couleur dès qu'on les fait baigner.

BAGUENAUDAIS. Bah! ils déteignent?

BRULART. Je ne sais pas ce que vous voulez dire.

DRICK. Parbleu! je parle du vieux Job.

BRULART. Que voulez-vous? il faut bien parer un peu sa marchandise.

BAGUENAUDAIS. Farceur de négrier, on dirait qu'il vend du chasselas.

BRULART. En revanche, ceux que j'ai là sont de rudes gaillards... je les garantis pour dix ans, à les charger comme des mulets.

DRICK. Tenez, adressez-vous à M. Baguenaudais, vous ferez peut-être affaire avec lui.

BAGUENAUDAIS. Ah çà, vous les garantissez bon teint... Et combien?

BRULART. Quinze cents francs l'un dans l'autre, et le treizième par-dessus le marché.

BAGUENAUDAIS. Je m'arrangerais bien du treizième.

BRULART, *à part.* Fameuse pratique!.. (*Haut.*) J'espère, au moins, que vous ne vous plaindrez pas de celui que je vous ai livré il y a cinq mois. Vous savez, Atar-Gull?

DRICK. Ah! parbleu, vous m'y faites penser. Oui, c'est un bon travailleur; mais depuis hier il se repose... au cachot... (*A Hug qui paraît.*) Va chercher Atar-Gull pour qu'il prenne l'air, et tu lui donneras sa ration.

Hug sort.

BAGUENAUDAIS. Eh bien, négrier, vous ne voulez pas vous entendre avec moi?

BRULART. Impossible. (*A Drick.*) Tout-à-l'heure vous me faisiez des reproches sur mes livraisons; mais si le vieux Job vous embarrasse, (*bas*) je peux vous donner un moyen de faire retrouver à sir Thomson le prix de son esclave.

DRICK. Vrai?

BRULART. Vous allez me reconduire un peu, et je vous conterai ça en route.

SCÈNE IV.

LES MÊMES, ATAR-GULL, *conduit par Hug et deux esclaves, qui l'attachent à un pilier. Atar-Gull s'assied sur le banc.*

DRICK. Atar-Gull... (*montrant l'écuelle de bois que Hug vient de mettre à terre*) voilà ta ration; le maître va venir à la fabrique, il connaîtra ta conduite et ordonnera de ton sort; maintenant je suis à vous, maître Brulart.

Drick sort avec Brulart; Hug et les autres esclaves sortent aussi; Baguenaudais reste à examiner Atar-Gull, qui paraît plongé dans de profondes réflexions.

SCÈNE V.

ATAR-GULL, BAGUENAUDAIS.

BAGUENAUDAIS, *à lui-même, regardant Atar-Gull.* Il me fait de la peine, ce pauvre moricaud...

ATAR-GULL, *sortant de ses réflexions et tournant les yeux vers Baguenaudais.* Pourquoi me regardes-tu, blanc?

BAGUENAUDAIS. Tiens, parce que ça me fait plaisir, quarteron.

ATAR-GULL. Tu as entendu le commandeur... il disait: Le maître va venir; je sais ce qui m'attend... et j'y suis résigné.

BAGUENAUDAIS, *à part.* Pauvre garçon, au lieu de s'en défaire, monsieur devrait bien me le donner pour me servir.

ATAR-GULL. Dis-moi, blanc... as-tu un père?

BAGUENAUDAIS. Je dois en avoir eu un... dans les temps... Mais j'ai maman, par exemple... qu'est portière à Paris, rue Tirechape... la maison à côté du faïencier.

ATAR-GULL. Es-tu bon fils?

BAGUENAUDAIS. Très-bon fils... c'était toujours moi qui balayais les escaliers à maman...

ATAR-GULL, *à voix basse.* Écoute alors: j'ai un père... vendu comme moi à sir Thomson... tu es le seul blanc qui sache qu'Atar-Gull est le fils du vieux Job; car la même famille d'esclaves ne peut habiter chez le même colon... ils ne veulent pas, les cruels, que l'enfant puisse consoler son père... ils craignent que le père ne défende son fils... nous n'avons pas même le droit de souffrir ensemble.

BAGUENAUDAIS, *ému.* Alors je n'en parlerai pas... je le jure sur la tête de Gibecienne.

ATAR-GULL. Job est si vieux. Il ne peut plus travailler, et l'ingratitude des blancs lui refuse une nourriture qu'il est obligé de mendier. Quand Atar-Gull est libre, il va partager en secret sa ration de maïs avec son vieux père... mais depuis hier je suis à la chaîne.

BAGUENAUDAIS. J'entends... vous voulez que j'aille porter cela au vieux Job?

ATAR-GULL. Ton Dieu te récompensera.

BAGUENAUDAIS. Donnez, donnez. Quand il sera à moi... je lui donnerai toutes mes courses... en attendant, je vas faire sa commission. Oh! v'là quelqu'un; aïe!

SCENE VI.
LES MÊMES, JOB.

ATAR-GULL. C'est lui!

BAGUENAUDAIS. Ah! c'est le père! Eh bien, v'là ma commission faite. Après çà, ils ont peut-être à jaser, faut pas les gêner.

ATAR-GULL. Tu ne nous trahiras pas, tu l'as promis.

BAGUENAUDAIS. C'est convenu, je ne sais rien: ainsi, soyez tranquilles; si c'était maman ou Gibecienne, vous pourriez avoir peur; mais moi, grâce au ciel, je ne suis pas bavarde. Au revoir.

Il sort.

SCENE VII.
ATAR-GULL, JOB.

JOB, *après avoir regardé partout, comme s'il craignait d'être entendu.* Enfant il faut fuir.

ATAR-GULL. Fuir!... et pourquoi?

JOB. Le maître veut que je meure.

ATAR-GUL. Toi mourir, père?

JOB. Aujourd'hui même Job doit être pendu.

ATAR-GULL. Que dis-tu, père?

JOB. Ecoute-moi... ce matin menacé par Drick, notre bourreau, je m'étais réfugié dans le champ voisin. Là, du moins, je pouvais pleurer, Dieu seul me voyait. Tout-à-l'heure une voix bien connue arrête mes sanglots et fait frisonner tout mon corps: c'était la voix de Brulart le négrier.

ATAR-GULL. Celui qui nous a vendus tous les deux!

JOB. Il disait au commandeur: « Les juges de la colonie accordent deux mille francs au maître qui dénonce un de ses nègres assassin ou voleur. Ainsi donc dénoncez Job, je vous servirai de témoin. Le vieil esclave sera pendu, et le patron ne perdra rien sur lui. »

ATAR-GULL. Oh! c'est affreux... le maître ne souffrira pas,..

JOB. Ma vie ne lui est pas nécessaire, on doit lui payer mon supplice, il ne balancera pas.

ATAR-GULL, *avec fureur.* Et ne pouvoir briser cette chaîne!... Mais attends... je crois me rappeler... oui, la clef du cadenas qui me retient est toujour là, près de la meule. Cherche bien, père.

JOB. La voilà.

ATAR-GULL. Bien; à présent, débarrasse-moi de mes chaînes.

JOB. Le cadenas est ouvert.

Le cercle de fer qui retenait le corp d'Atar-Gull tombe à terre.

ATAR-GULL, *avec joie.* Ah! je suis donc libre.

Il se lève et va pour s'élancer; mais il est retenu par le poignet.

JOB. Partons!

ATAR-GULL. Malheur! malheur! ce bras est attaché!

JOB. J'entends du bruit... on vient.

ATAR-GULL. N'importe père je te sauvrai; hâte-toi prend la hache de salut.

JOB. Que veux-tu faire?

ATAR-GULL. Prends la hache, te dis-je, il est temps encore.

JOB, *tenant la hache.* Mais quel est ton projet, enfant?

ATAR-GULL. Hardi, ne tremble pas... abats-moi le poignet, nous partirons ensemble.

JOB. Oh! jamais...

ATAR-GULL. Eh bien donne-la-moi, tu verras si j'hésite.

JOB, *jetant la hache loin de lui.* Non, Job aime mieux mourir.

ATAR-GULL. Tu nous perds... Voilà le maître qui vient, fuis, cache-toi encore et ce soir, quand sonnera l'heure de la prière des blancs, je te retrouverai au pied du morne aux Loups, où ils m'ouront tué.

JOB. J'y serai.

Il sort par un des côtés du théâtre, tandis que Thomson, sir Richard, Clémentine, Jenny et des esclaves portant des parasols et des éventails arrivent, par le fond. Atar-Gull est retombé sur son banc; l'esclave surveillant entre avec les nègres travailleurs par le coté opposé à celui par où Job est parti. A l'entrée de leur maître, tous les esclaves de la fabrique s'inclinent.

SCENE VIII.
ATAR-GULL, THOMSON, RICHARD, JENNY, CLÉMENTINE, HUG, Esclaves.

RICHARD. Votre commandeur est un homme précieux, sir Thomson; ce que nous avons vu de la fabrique nous annonce un état de prospérité très-satisfaisant.

THOMSON. Je m'en réjouis doublement, sir Richard, puisqu'une partie de ma fortune doit vous revenir un jour.

RICHARD, *prenant la main de Jenny.* Ne parlons donc pas de cela... cette jolie main-là n'est-elle pas déjà un trésor?

JENNY. Assez, sir Richard. (*Apercevant Atar-Gull.*) Mais vois donc, Clémentine, ce pauvre esclave!

THOMSON, *à Atar-Gull.* Pourquoi te punit-on?

ATAR-GULL. Maître... un des nôtres a dénoncé hier au commandeur le sommeil d'un malheureux que la chaleur du jour accablait, j'ai frappé l'espion... et l'on m'a chargé de chaînes.

RICHARD. C'est par humanité... il ne faut pas permettre à ces coquins-là de s'assommer entre eux.

JENNY. Eh bien, moi, je l'approuve... il faut punir les espions qui font battre nos pauvres noirs... aussi ton maître te pardonne, entends-tu? Qu'on lui ôte sa chaîne.

THOMSON. Mais, ma fille, je n'ai pas dit que je pardonnais.

JENNY, *bas à Clémentine.* Clémentine, demande à mon père la grâce du coupable... il ne te la refusera pas à toi.

THOMSON, *qui vient d'entendre Jenny.* Jalouse enfant, tu crois toujours à ma préférence pour ta sœur.

JENNY, *bien bas à son père.* Vous ne lui feriez pas épouser sir Richard

THOMSON. Allons, (*haut*) ta prière; je veux bien gracier cet esclave; mais que mon indulgence ne soit pas un encouragement pour les autres... Le commandeur ne saurait punir injustement... c'est toujours moi qui condamne par sa voix...

ATAR-GULL, *à part.* Toujours lui!

THOMSON, *à Atar-Gull.* Tu as ton pardon.

ATAR-GULL, *à genoux devant Jenny.* Merci, bonne maîtresse.

RICHARD. Ah çà, nous sommes venus ici en partie de plaisir; nous n'allons pas, j'espère, passer notre temps à nous apitoyer sur le sort de ces brutaux-là.

CLÉMENTINE. Baguenaudais a dû veiller à ce que l'on préparât vos chevaux pour la course projetée.

JENNY. Comment, ma sœur, tu ne nous accompagnes pas dans la forêt?

CLÉMENTINE. Non. Tu sais combien j'ai peur des animaux sauvages qu'on y rencontre; je préfère rester ici, près de mon père, qui a besoin de prendre un peu de repos.

THOMSON. J'en conviens... il y a loin de mon habitation à la fabrique, et le voyage m'a un peu fatigué. Allez, mes enfans, Hug vous donnera un guide.

HUG. Maître! parmi nous je n'en connais pas de meilleur ni de plus intrépide qu'Atar-Gull.

THOMSON. En ce cas, qu'il vienne.

ATAR-GULL. Maître... me voilà!

JENNY. Ah! c'est toi! Tu vas nous suivre.

ATAR-GULL. Partout, maîtresse... je te dois la vie.

JENNY. Partons.

Tous sortent, à l'exception de Clémentine et de quelques esclaves.

SCENE IX.
CLÉMENTINE, THOMSON, Esclaves.

Après le départ, Thomson est venu s'asseoir sur un banc. Clémentine s'assied sur un large carreau de velours que des nègres portaient. Elle est aux pieds de son père. Des esclaves, qui tiennent de larges éventails, les agitent doucement au-dessus de la tête du père et de la fille.

CLÉMENTINE. Savez-vous bien, mon bon père, que Jenny n'a pas l'air d'aimer beaucoup son futur?

THOMSON. Ta sœur, ma Clémentine, est une étourdie qui ne sait ce qu'elle veut; quand je lui parlai de ce mariage pour la première fois, elle ne parut pas avoir d'éloignement pour celui que je lui destinais; et depuis elle semble se faire une étude de déplaire à sir Richard. Elle ne te ressemble pas, mon enfant; tes goûts ne changent pas ainsi.

CLÉMENTINE. Vous avouerez, mon père, que mon Edouard est bien mieux que votre sir Richard. A la place de ma sœur, je ne me trouverais pas heureuse non plus.

THOMSON. Tu la défends toujours.

CLÉMENTINE. Je voudrais vous la faire aimer davantage... autant que moi...

THOMSON. Clémentine! ce reproche... est-ce bien toi qui devrais me l'adresser?

CLÉMENTINE. Vous avez raison, je suis une ingrate... C'est fini, je ne vous en parlerai plus, je vous le jure; mais à force d'amitié je dédommagerai cette pauvre Jenny.

THOMSON, *l'embrassant.* Chère enfant!

SCENE X.

LES MÊMES, DRICK, UN OFFICIER.

DRICK. Maître, je viens vous dénoncer un de vos esclaves qui s'est rendu coupable de vol.

THOMSON, *se levant.* De vol!... ce crime, qui se renouvelle si souvent dans les fabriques, mérite d'être puni; il faut des exemples. La culpabilité de l'esclave est prouvée, sans doute; prévenez les magistrats, et qu'on livre le voleur à la justice.

DRICK. La moitié de cet ordre est déjà exécutée, les juges de l'île ont reçu ma déposition et celle d'un autre témoin que vous connaissez, maître. Mais, comme je revenais à la fabrique avec monsieur l'officier et quelques soldats, pour nous saisir du coupable, nous l'avons rencontré fuyant vers le morne aux Loups, refuge ordinaire des nègres marrons. Arrêté dans sa course par une balle qui l'a frappé à la jambe, le vieux Job est maintenant entre nos mains; il ne manque plus qu'une autorisation signée de vous pour le conduire devant le tribunal.

CLÉMENTINE. Mon père, il s'agit d'un vieillard.

THOMSON. Silence!... (*Tirant ses tablettes et s'adressant à l'officier.*) Je vais vous remettre le pouvoir que vous me demandez.

Il écrit.

DRICK, *bas à son maître.* C'est cinq cents livres que vous gagnez... Le gouverneur vous en accorde deux mille, et Job ne vous en a coûté que quinze cents.

THOMSON, *qui lui a donné le permis.* Que veux-tu dire?

DRICK, *à mi-voix.* Brulart m'a dit que les colons se débarrassaient ainsi de leurs esclaves inutiles.

THOMSON, *de même.* Tu l'as dénoncé par calcul? Oh! je ne tremperai pas dans une telle infamie! le vieux Job ne doit pas mourir.

DRICK, *de même.* Voulez-vous donc déclarer que je suis un faux témoin, et me faire assassiner par vos esclaves?

THOMSON. Mais, malheureux! tu charges ma conscience de la mort d'un homme.

DRICK. Eh! non, maître, ce n'est qu'un nègre au gibet. (A l'officier.) Allez, monsieur, et que justice soit faite.

L'officier sort.

SCENE XI.

LES MÊMES; BAGUENAUDAIS, *accourant.*

BAGUENAUDAIS. Ah! monsieur, ah! mam'selle, si vous saviez!

CLÉMENTINE. Qu'y a-t-il?

THOMSON. Parle, parle vite.

BAGUENAUDAIS. Excusez, je cherche ma respiration. Ah! la v'là... Tout-à-l'heure nous étions à nous promener dans la forêt; nos chevaux couraient ventre à terre, v'là qu'un tigre...

CLÉMENTINE. Un tigre!

BAGUENAUDAIS. Oui, mam'selle; deux tigres se présentent devant notre passage. A la vue des trois bêtes féroces, mam'selle Jenny pousse un cri, nos chevaux reculent, les quatre tigres s'élancent sur nous... Je n'ai pas le courage d'en voir davantage, et je me sauve en criant, car j'en avais au moins une demi-douzaine à mes trousses.

THOMSON. Commandeur, il faut voler au secours de ma fille; appelez tous mes esclaves, partons.

CLÉMENTINE. Oui, courez, courez... il sera peut-être trop tard.

RICHARD, *entrant avec précipitation.* Arrêtez, ne vous effrayez pas... Hug avait raison, Atar-Gull est un bon guide.

CLÉMENTINE. Ma sœur!

THOMSON. Ma fille!

RICHARD. La voilà!

SCENE XII.

LES MÊMES, ATAR-GULL, *portant* JENNY, Esclaves.

ATAR-GULL, *le bras ensanglanté, la dépose sur un banc.* Maître, j'ai préservé ta fille; le tigre voulait du sang, je lui ai donné le mien.

JENNY, *revenant à elle.* Mon père! Clémentine! mes amis! c'est lui, lui seul qui m'a sauvée. (*Elle tend la main à Atar-Gull.*) Bon Atar-Gull.

ATAR-GULL. Je te devais ma grâce.

JENNY, *regardant toujours Atar-Gull.* O ciel! il est blessé.

Elle va à lui, étanche son sang avec un mouchoir, et le lui met autour du bras.

THOMSON. Je veux récompenser ton courage, Atar-Gull.

BAGUENAUDAIS. S'il pouvait me le donner.

THOMSON. A compter de ce jour, tu n'es plus sous la domination du commandeur, je t'attache à mon service particulier; tu ne me quitteras plus.

BAGUENAUDAIS. Tiens, il le prend pour lui, le despote!

JENNY. Entends-tu, Atar-Gull, tu resteras avec nous, toujours.

Le jour a baissé peu à peu depuis le commencement de cette scène.

THOMSON. Il se fait tard, mes enfans, nous avons encore une visite à rendre au planteur Anderson, et il serait dangereux de nous remettre en route au milieu de la nuit

RICHARD. C'est vrai. Les esclaves du morne aux Loups sont de hardis brigands; mais les troupes coloniales veillent sur eux.

CLÉMENTINE. C'est égal, mon père a raison, et si Jenny se sent assez de force, nous repartirons sur-le-champ.

THOMSON, *à Atar-Gull.* Repose-toi, bon serviteur, je t'attends demain à mon habitation de San-Yago.

ATAR-GULL. J'y serai, maître.

JENNY, *à Atar-Gull.* Prends soin de ta blessure, entends-tu, mon père le veut, et moi, je t'en prie. (*Elle lui donne sa main à baiser.*) Adieu, à demain.

BAGUENAUDAIS. C'est égal, me v'là toujours sûr d'avoir un suppléant.

Thomson, Richard, Clémentine, Jenny, Baguenaudais et les esclaves se mettent en marche. La nuit est venue. Les esclaves se sont inclinés sur le passage de leur maître. A peine les précédens sont-ils sortis que le Commandeur dit aux esclaves.

DRICK. Le maître est parti, entrez dans vos cases; et que demain au jour tout le monde soit à l'ouvrage. (*A Atar-Gull.*) Te voilà à peu près libre... Allons, tant mieux, il faut bien qu'il y en ait comme ça. (*Aux nègres.*) Eh bien! ne m'a-t-on pas entendu? Rentrez, et que dans cinq minutes tout ça soit endormi.

Les nègres rentrent d'un côté, le Commandeur sort de l'autre.

SCENE XIII.

ATAR-GULL *seul.*

Presque libre, a dit le commandeur; oh! je le suis tout-à-fait maintenant. Je ne dois plus rien à sir Thomson; il avait acheté ma vie, tout-à-l'heure je l'ai offerte pour sa fille. Dieu, qui n'a pas voulu ma mort, m'ordonne à présent de sauver le vieillard qui n'espère qu'en moi... Oui, père, oui, nous fuirons ensemble; encore quelques instans, et je t'aurai rejoint au pied du morne aux Loups. Si j'en crois mon courage, tes yeux verront encore la terre natale... Oh! qu'il sera beau le soleil qui éclairera notre retour... Là-bas, plus de chaînes qui écrasent, plus de fouets qui déchirent. Non; là-bas une mère m'attend, qui me baignera de ses larmes. (*On entend une cloche au loin.*) Voilà l'heure de la prière des blancs, c'est le signal; écoutons bien.

Il se penche pour compter les coups de la cloche. A ce moment Cham et deux ou trois nègres marrons passent leurs têtes à travers la palissade du fond.

SCENE XIV.

ATAR-GULL, CHAM, Nègres.

CHAM, *bas.* C'est lui, il est seul.

ATAR-GULL. C'est bien le signal convenu... Arrière, esclaves et tyrans! pour Atar-Gull maintenant mort ou liberté!

Il va s'élancer au dehors; il s'arrête en apercevant Cham.

CHAM. Où vas-tu, Atar-Gull?

ATAR-GULL. Qui es-tu?

CHAM. Cham! le vieux chef des noirs

du morne aux Loups... Mais réponds, où vas-tu?

ATAR-GULL, *bas.* Chercher mon père.

CHAM. Ton père! tu ne sais donc pas...

ATAR-GULL. Tu l'as vu?

CHAM. Il est là.

ATAR-GULL. Comment, avec vous, le vieux Job?

CHAM. Tiens, voilà comme les blancs te le rendent.

Ici deux nègres entr'ouvrent la palissade et laissent voir le corps de Job étendu.

ATAR-GULL. Que vois-je! mort! mort!

CHAM. Tais-toi, le réveil des tyrans serait notre perte.

ATAR-GULL. Les tigres! ils ont accompli leur abominable projet.

CHAM. Plus bas, Atar-Gull, plus bas!

ATAR-GULL. Vieux père, quand je donnais mon sang pour eux, ils t'envoyaient au gibet... oh! oh! les infâmes! (*A Cham.*) Ses assassins... nommez-les-moi.

CHAM. Brulart l'a dénoncé, et Thomson l'a livré.

ATAR-GULL, *avec rage.* Ah! Job, je leur rendrai tout le mal qu'ils t'ont fait.

CHAM. Prends ce poison, et la mort détruira leurs troupeaux, décimera leurs esclaves.

ATAR-GULL. Non! c'est une autre vengeance que je demande; je la veux éclatante; je la veux qui se rougisse dans des flots de sang, qui brille au milieu des flammes! il me faut une vengeance d'homme libre, corps à corps, poignard contre poignard! je veux qu'elle soit une victoire, et non une lâcheté!

CHAM. Compte sur nos bras, Atar-Gull.

ATAR-GULL. Eh bien! écoute-moi donc. Le maître Thomson, accompagné d'une faible escorte, va traverser la vallée; qu'il vous trouve sur son passage, prêts à tremper du sang de tous les siens la terre où nous creuserons la tombe du vieux Job.

CHAM. Nos frères ne sont pas loin; la perte des blancs est certaine. Mais toi?

ATAR-GULL. Je vous rejoindrai assez à temps pour achever l'œuvre que vous aurez commencée; mais avant je veux aller voir s'il y a un cœur dans la poitrine de Brulart... Adieu, père, nous allons faire tes funérailles. (*Il s'agenouille, couvre de baisers le cadavre de Job, et sanglote; puis il se relève tout-à-coup, et dit avec courage :*) Marchons!

Il se dirige vers le fond, emportant avec lui le corps de son père; Cham et les esclaves marrons le suivent.

FIN DU PREMIER TABLEAU.

Deuxième tableau.

Une cour autour de laquelle règne une palissade, porte au fond; à gauche, l'entrée d'un corps de logis.

SCENE XV.

CHAM, NÈGRES ENCHAÎNÉS, BAGUENAUDAIS.

Quand le rideau se lève, Cham et tous les nègres marrons, chargés de chaînes, sont couchés par terre; Baguenaudais sort de l'habitation. On voit briller au-dessus de la palissade du fond les baïonnettes des sentinelles qui se croisent et veillent devant la porte.

BAGUENAUDAIS. En v'là une nuit orageuse, par exemple... Nous l'avons échappée belle; sans ce régiment de troupes coloniales qui passait par hasard, je n'aurais jamais revu ma rue Tirechape, maman, ni ma Gibecienne. Scélérats de révoltés... mais on leur ménage un vilain quart d'heure. On a condamné tous ceux qu'on a pris, et je vais de ce pas prévenir le commandant qu'il peut se tenir prêt pour l'exécution... Ce n'est pas Atar-Gull qui aurait fait un coup pareil. (*Cham fait un mouvement.*) Je crois que les v'là qui s'éveillent. Je vais bien vite faire ma commission.

Il sort par le fond, la porte ouverte laisse apercevoir les sentinelles.

CHAM, *se levant sur son séant, dit aux autres esclaves.* Amis, vous l'avez entendu, nous sommes condamnés, rien ne peut nous sauver; préparons-nous aux tortures. Atar-Gull, plus heureux que nous, aura péri dans le combat.

En ce moment Atar-Gull paraît au-dessus de la palissade à droite, et se glisse dans la cour.

ATAR-GULL. Non, frères, me voilà.

SCENE XVI.

CHAM, NÈGRES, ATAR-GULL.

CHAM. D'où viens-tu, Atar-Gull?

ATAR-GULL, *lui montrant son poignard.* Regarde.

CHAM. Du sang?

ATAR-GULL. Cette lame tout entière s'est plongée trois fois dans la poitrine de l'infâme Brulart; mais pour arriver jusqu'à lui, il m'a fallu faire de longs détours, et, revenu dans la plaine, je n'ai plus trouvé que les cadavres de mes frères, qui m'ont assez dit votre défaite.

CHAM. Que viens-tu faire ici?

ATAR-GULL. Partager votre sort. Il me reste encore un coup terrible à frapper; et puis après... je meurs avec vous.

CHAM. Non, mon fils, ne fais pas mentir la bonne étoile qui te sauve. Tu es jeune, courageux, reste après nous pour punir, et rappelle-toi surtout que si la vengeance du lion est belle, celle du serpent est plus sûre. Rampe, s'il le faut, pour mieux enlacer ta victime et la frapper juste au cœur. Ton poignard n'est plus maintenant l'arme qu'il faut employer contre Thomson. Que nous fait sa mort, si sa mort est prompte et sans torture? Qu'il vive; mais pour souffrir; Atar-Gull, dévore ta haine, caresse nos bourreaux, mais pour mieux les déchirer.

ATAR-GULL. A ce prix, j'accepterais la vie, car ce serait accomplir un devoir sacré... mon existence aurait un but... Mais on me soupçonnera d'être votre complice, ils me tueront aussi.

CHAM. On vient, laisse-nous faire... tu vivras.

SCENE XVII.

LES MÊMES, BAGUENAUDAIS.

BAGUENAUDAIS. Là! voilà ma commission faite... ils ne languiront pas...

CHAM, *à Atar-Gull.* Misérable! oses-tu bien revenir devant nous?

BAGUENAUDAIS, *se cachant la tête dans ses mains.* Il m'ont entendu... c'est fait de moi.

CHAM. Infâme Atar-Gull, c'est toi qui nous as trahis.

ATAR-GULL. Moi, que dis-tu?

BAGUENAUDAIS. Tiens, mon domestique qui est ici.

CHAM. Sans toi, les blancs périssaient sous nos coups. Tu nous as trahis, malédiction sur toi!

TOUS LES NÈGRES. Oui, malédiction sur toi!

BAGUENAUDAIS, *se glissant du côté de la porte du corps de logis.* C'est lui qui nous a sauvés; courons vite l'apprendre à M. Thomson.

Il entre.

SCENE XVIII.

LES MÊMES, hors BAGUENAUDAIS.

CHAM. Tu le vois, il donne dans le piège... accepte donc la vie que nous t'offrons.

ATAR-GULL. Eh bien! frères, je l'accepte. Là-haut, quand nous nous retrouverons, je vous en rendrai bon compte. Oui, comme le serpent, je ramperai, j'enlacerai le maître et toute sa famille. Leur supplice, je vous le promets, sera plus long et surtout plus cruel que le vôtre.

CHAM. Dieu reçoit tes sermens.

ATAR-GULL. Qu'il me frappe si je suis parjure. Mais n'épargnez rien pour me justifier, accablez-moi du poids de vos chaînes, frappez-m'en, ne craignez rien. Que ce cri les ramène : Mort à Atar-Gull!

CHAM, *agitant ses chaînes.* Oui, mort à Atar-Gull.

TOUS LES NÈGRES, *se levant.* Mort au traître!

Ils entourent Atar-Gull, le renversent et lèvent sur lui leurs chaînes, comme pour l'écraser.

SCENE XIX.

LES MÊMES, THOMSON, RICHARD, BAGUENAUDAIS, PLUSIEURS COLONS, QUELQUES OFFICIERS, JENNY, CLÉMENTINE, GARDES *qui garnissent le fond du théâtre.*

JENNY. Atar-Gull... secourez-le, il va périr.

Les gardes s'emparent de Cham et des nègres.

RICHARD. Emmenez ces misérables.

BAGUENAUDAIS, *à part.* Ils ont bien manqué de me l'abîmer.

CHAM, *à Atar-Gull.* Tu triomphes, toi qui as vendu tes frères... ta trahison l'emporte; mais il y a une justice qui doit nous payer tous un jour selon nos œuvres.

THOMSON. Atar-Gull vous a trahis?

CHAM. Oui, pour te sauver. Nous en voulions à tes jours, nous le croyions digne de nous comprendre. Malheur à nous! nous adressant à lui, c'était nous livrer à la mort. Il a dirigé nos pas du côté des troupes quand nous voulions t'attaquer plus tôt, et nous sommes tombés dans le piége que sa fidélité pour toi nous avait tendu.

THOMSON. Serait-il vrai?

ATAR-GULL, *s'agenouillant.* Ma vie t'appartient, maître... je voulais la donner pour toi...

JENNY. Quel dévouement

THOMSON. Si tout est prêt pour l'exécution de ces brigands, qu'on les entraîne.

CHAM, *d'un ton prophétique.* Le Dieu qui nous entend vengera notre supplice. Comptez-nous bien, Atar-Gull, autant de tortures que de victimes,

Les soldats entraînent Cham et les nègres. Richard montre du doigt la porte aux soldats. Clémentine a caché sa tête dans le sein de son père; Jenny semble vouloir relever Atar-Gull, qui est resté aux pieds de Thomson et qui a écouté avec recueillement les dernières paroles du vieux Cham; Baguenaudais, monté sur un banc de pierre, regarde avec plaisir les soldats qui emmènent les prisonniers.

TABLEAU, FIN DU PREMIER ACTE.

ACTE II.

Un jardin. A droite, un pavillon ayant, en vue du spectateur, une petite fenêtre fermée par une jalousie. A gauche, un bosquet bien ombragé. Au fond, une jolie habitation de planteur, un seul étage, toit plat, jalousies vertes; petit perron pour arriver au péristyle, avec tenture de coutil.

SCENE PREMIERE.

LE COMMANDEUR, BAGUENAUDAIS.

Le Commandeur descend le perron. Baguenaudais sort du pavillon dont il vient de lever la jalousie: on aperçoit dans l'intérieur un guéridon; puis, au fond, une croisée ouverte donnant sur le jardin.

BAGUENAUDAIS, *tombant sur une des marches du pavillon et s'essuyant le front.* Cré coquin! fait-il chaud?

LE COMMANDEUR. Bonjour, garçon.

BAGUENAUDAIS. Salut, commandeur.

LE COMMANDEUR, *ouvrant un petit carnet.* Qu'est-ce que tu fais là?

BAGUENAUDAIS, *assis et bâillant.* Je travaille.

LE COMMANDEUR. Paresseux!...

BAGUENAUDAIS. Ma foi, commandeur, je fais ce que je peux; mais je ne m'habituerai jamais à votre diable de pays: songez donc que pour un pauvre Européen, né rue Tirechape et élevé dans du coton, à l'ombre, votre ciel est un four de campagne; i' me dessèche votre ciel, i' m'ôte toute ma fraîcheur.

LE COMMANDEUR, *lisant son carnet.* C'est grand dommage.

BAGUENAUDAIS. Quand on m'a donné Atar-Gull pour suppléant, je me suis dit: Bon, il gobera le soleil, lui, et moi, avec un peu de soin, je pourrai refaire mon teint; pas du * ... : Atar-Gull s'amuse à la chasse ou à la promenade avec le patron, et moi, moi, je travaille comme un véritable nègre; avec ça que j'ai peur de le devenir: depuis quelque temps je change de couleur, que ça me fait frémir. Et c'est pas étonnant, quand on a à perpétuité sur la figure un soleil qui cuirait les côtelettes à la minute. Ah ça, dites donc, commandeur, si vous ne m'écoutez pas, ce n'est pas la peine que je m'échauffe comme ça à vous parler... qu'est-ce que vous regardez donc là?

LE COMMANDEUR. C'est le relevé des noirs de sir Thomson. Je refaisais l'addition; c'est bien cela... trente morts depuis cinq semaines.

BAGUENAUDAIS. Qu'est-ce que vous dites donc, commandeur? C'est impossible!

LE COMMANDEUR. Je crois bien que cette mortalité nous vient du morne aux Loups, les empoisonneurs en veulent à sir Thomson, qui a fait pendre une douzaine des leurs, il y a deux mois.

BAGUENAUDAIS. Nous l'avons échappée belle ce jour-là; sans mon suppléant Atar-Gull... mais au fait, vous avez raison, commandeur, ça pourrait bien être ça.

LE COMMANDEUR. J'en suis sûr.

BAGUENAUDAIS. Ah! mon Dieu! nous sommes perdus, commandeur!

LE COMMANDEUR. Oh! rassurez-vous, il existe un contre-poison que je vais administrer à tous mes agneaux noirs de la fabrique; si vous voulez, je vous en garderai.

BAGUENAUDAIS. Comment, si j'en veux! une pinte le plustôt possible, je ne vais plus oser ni boire, ni manger; en voilà un pays désagréable!... Vous partez, commandeur?

LE COMMANDEUR. Oui, on a besoin là-bas de l'œil et du fouet du maître. Au revoir.

BAGUENAUDAIS. Ne m'oubliez pas. (*Courant après lui.*) Entendez-vous, commandeur, gardez-m'en comme pour deux... au moins...

SCENE II.

BAGUENAUDAIS, JENNY.

Baguenaudais, tout occupé du Commandeur qui sort par la gauche, ne voit pas Jenny qui entre par la droite, derrière le pavillon et comme venant du jardin, où elle a cueilli des fleurs qu'elle effeuille en marchant. Elle est rêveuse, et suit doucement les petites allées qui conduisent au bosquet.

BAGUENAUDAIS. Il est déjà loin. Ah! voilà mademoiselle... J'ai oublié de porter dans sa chambre la surprise de M. Richard, cette superbe corbeille de fleurs... Il est galant, le colon... pourvu qu'elle ne m'entende pas.

Il prend une des deux corbeilles qu'il avait laissées à l'entrée du pavillon, va la mettre sur le guéridon, et ferme la jalousie; puis, prenant l'autre corbeille, il va sortir, quand Jenny, l'ayant entendu, tourne la tête de son côté.

JENNY. Où vas-tu donc, avec ces belles fleurs?

BAGUENAUDAIS, *à part.* Voilà la surprise éventée... (*Haut.*) Mademoiselle, vous ne le direz pas... eh bien! ces fleurs que vous trouvez si belles, c'est sir Richard qui vous les envoie.

JENNY, *avec indifférence.* Ah!

BAGUENAUDAIS. Elles seraient déjà dans votre chambre, si mon suppléant me suppléait un peu. Vrai, vous devriez m'aider à le faire gronder.

JENNY. Qui donc?

BAGUENAUDAIS. Atar-Gull!

JENNY. Moi! lui causer de la peine? Ah! tu oublies ce qu'il a fait pour moi.

BAGUENAUDAIS. Parbleu! ces gens-là ça joue avec les tigres, les rhinocéros comme nous avec les chats et les souris ils ont l'habitude, v'là tout. Après ça, je rends justice à mon inférieur, pour un esclave, ce n'est pas mal.

JENNY. Atar-Gull n'est plus un esclave, c'est un ami.

BAGUENAUDAIS. Ah! par exemple, est-ce qu'on a des amis de cette couleur-là? Je vous avoue que j'ai le cœur libéral, c'est vrai; mais j'ai la peau aristocrate.

JENNY. Ah! tu n'as jamais osé regarder Atar-Gull en face; car tu aurais remarqué comme par momens son regard est noble et plein de feu: n'as-tu donc jamais senti ton ame émue en l'écoutant parler de son beau pays, de sa mère qu'il ne doit plus revoir. Tu étais là quand je lui demandai si du moins il lui restait encore son père; te souviens-tu comme alors son visage prit une expression d'amertume et de douleur. Rappelle-toi donc ce qu'il y avait d'énergie dans sa voix, quand il me dit en levant les yeux au ciel: Maîtresse! il m'attend là...

CLÉMENTINE, *sur le perron.* Jenny! Jenny!

JENNY. Ma sœur...

BAGUENAUDAIS, *bas à Jenny.* Ne dites pas à Mlle Clémentine qu'elle a aussi une surprise dans son pavillon; je vas porter vos fleurs, et puis j'écrirai à maman.

SCENE III.

JENNY, CLÉMENTINE.

Clémentine arrive sur le devant de la scène par une allée, et Baguenaudais regagne l'habitation par une autre.

CLÉMENTINE, *tenant une lettre à la main.* Oh! tiens, embrasse-moi, Jenny. Ma bonne sœur! je suis bien heureuse... une lettre, une lettre de lui.

JENNY. De lui!

CLÉMENTINE. Oui, d'Édouard!

JENNY. Vraiment!

CLÉMENTINE. Elle était adressée à mon père; mais en reconnaissant l'écriture, je n'ai pu résister; j'ai voulu entr'ouvrir la lettre pour saisir au moins quelques mots; elle s'est déchirée. Alors, oh! ma foi! alors j'ai commis l'indiscrétion tout entière, j'ai brisée le cachet. Oh! ma bonne Jenny, juge de ma joie! Je l'ai baisée vingt fois cette lettre, car elle m'annonce le retour d'Édouard pour dans deux mois; et son retour, tu le sais, c'est notre mariage.

JENNY. Chère Clémentine! oui, tu dois être heureuse; car tu l'aimes bien, ton Edouard, n'est-ce pas?

CLÉMENTINE. Sans doute... que je te plains, pauvre Jenny, de n'éprouver d'amour pour personne. Aimer, ah! Jenny, c'est le bonheur!

JENNY. Le bonheur!... oui, je le crois et je te l'envie... Mais dis-moi donc quelles émotions cet amour amène avec lui... dis-le-moi, pour que je les reconnaisse si elles venaient m'agiter à mon tour... Dis-moi, quand le souvenir de ton Édouard se présente à ton esprit, ton sein palpite doucement, n'est-ce pas ? Tu aimes à être seule pour n'être plus qu'avec lui ; alors tu le vois dans ta pensée, ton cœur lui parle...

CLÉMENTINE. C'est cela, Jenny : tu connais donc l'amour ?

JENNY, *avec embarras.* Non... je le devine.

CLÉMENTINE. Éprouverais-tu par hasard quelque chose comme cela pour Richard ?

JENNY. Oh ! non...

Ici un coup de fusil se fait entendre, Clémentine à ce bruit est remontée au fond pour voir d'où il vient, et Baguenaudais est sorti précipitamment de l'habitation.

BAGUENAUDAIS. Ah ! mon Dieu ! qu'est-ce que c'est que ça ?

CLÉMENTINE. C'est mon père qui revient de la chasse avec sir Richard et Atar-Gull.

SCENE IV.

Les Mêmes, THOMSON, RICHARD, ATAR-GULL.

THOMSON, *à Richard.* Je vous le répète... vous avez eu tort.

RICHARD. Vous conviendrez, du moins, qu'il a été bien visé.

BAGUENAUDAIS, *à Atar-Gull.* Enfin ; vous v'là, beau chasseur ; j'espère que vous allez venir m'aider.

Thomson a donné son fusil à Atar-Gull, qui, à son tour, le passe à Baguenaudais.

BAGUENAUDAIS. Ah ça ! mais... (*Atar-Gull le regarde.*) C'est bon, on y va. *Il obéit.*

RICHARD. Eh bien ! sir Thomson, m'en voulez-vous encore ?

THOMSON. Sans doute, vous ne pouviez plus mal employer votre adresse : ces oiseaux de proie sont nos plus courageux auxiliaires contre les affreux reptiles qui désolent et infestent notre pays.

RICHARD. Il est vrai que ce matin, quand je l'ai abattu, il achevait d'étrangler un magnifique serpent.

Clémentine, à ce mot, fait un mouvement d'effroi.

JENNY. Ne parlez donc pas de cela devant Clémentine, voyez comme elle pâlit.

RICHARD. Ma chère belle-sœur future devrait pourtant s'aguerrir.

THOMSON. Sans doute, elle n'est pas raisonnable ; on rencontre de ces animaux à chaque pas, il faut qu'elle s'habitue à les voir sans effroi, afin de conserver assez de force et de courage pour leur échapper.

CLÉMENTINE. Mon bon père ! je vous en prie, ne parlons plus de cela, je vous promets de me corriger. Mais vous devez avoir besoin de prendre quelques rafraîchissemens, nous allons vous les faire servir sous ce bosquet.

Atar-Gull, pendant toute cette scène, est resté assis sur une des marches du pavillon, la tête dans ses deux mains ; il semble enseveli dans ses réflexions ; il n'entend pas Clémentine qui vient alors s'approcher de lui. Jenny l'arrête.

JENNY. Ce pauvre Atar-Gull paraît accablé de fatigue et de chaleur, laisse-lui cet instant de repos. Je vais t'aider, viens.

CLÉMENTINE. D'ailleurs Baguenaudais est là, il servira. Mon père, j'oubliais cette lettre pour vous... je l'ai ouverte ; mais elle était de lui. Vous ne me gronderez pas trop fort, n'est-il pas vrai ?

THOMSON. Te gronder... tu sais bien que c'est impossible. Allons, va, mon enfant, car j'ai vraiment un appétit de chasseur.

CLÉMENTINE. Tout de suite... Eh bien ! Jenny, viens-tu ?

JENNY, *qui était rêveuse.* Me voilà, me voilà.

Elles remontent toutes les deux vers l'habitation.

SCENE V.

THOMSON, RICHARD, ATAR-GULL.

THOMSON. Eh ! bon Dieu ! sir Richard, comme vous voilà rêveur ! à quoi pensez-vous donc ?

RICHARD. Je pense à guérir Clémentine de sa frayeur d'enfant. Il m'est venu une idée excellente ; cela vaudra mieux que tous les conseils possibles. Atar-Gull, écoute, écrase et fais tomber la tête du serpent que nous avons laissé mort à l'entrée de l'habitation, et tu la mettras dans la caisse de fleurs que j'ai fait porter ce matin dans le pavillon de Clémentine... Comprenez-vous, sir Thomson ?

THOMSON. Sans doute... Cette épreuve peut être utile ; mais assure-toi bien, Atar-Gull...

ATAR-GULL, *se levant précipitamment.* Soyez tranquille, maître. (*A part, en sortant et avec un sourire satanique.*) Merci, grand merci, Richard.

THOMSON, *qui a parcouru la lettre que lui a laissée Clémentine en sortant.* Richard, cette lettre m'annonce pour dans deux mois le retour d'Edouard Nelson ; dans deux mois il sera le mari de Clémentine, et vous celui de Jenny ; car j'ai voulu que les noces de mes deux filles se fissent le même jour.

RICHARD. Aussi désiré-je ardemment le retour de sir Edouard.

THOMSON. Tant mieux. Vous savez, sir Richard, que votre mariage est pour moi un engagement d'honneur. Votre père fut mon associé ; il m'avait laissé une somme considérable, dont je vous devais rendre compte. Désireux de vous voir uni à ma famille, en mourant, il m'a tenu quitte de cette dette, si je consentais à vous donner une de mes filles. J'accomplirai ce dernier vœu de mon ami, et au don de la main de Jenny, j'ajouterai la restitution de la moitié de la somme qu'il m'avait abandonnée. Je voudrais pouvoir vous rendre tout, sir Richard ; mais depuis deux mois la fortune a cessé de me sourire ; des incendies partiels ont ruiné mon commerce de cette année ; mes esclaves, atteints d'une maladie inconnue, meurent par douzaines. Il semble qu'un mauvais génie plane sur ma maison.

Ici Atar-Gull paraît au fond, traînant après lui un serpent mort qu'il tient par la queue. Il entre avec lui dans le pavillon.

THOMSON, *sans le voir.* Après avoir établi mes deux enfants, il ne me restera plus qu'un revenu modique, mais dont à mon âge on doit se contenter.

RICHARD. Mille remercimens, sir Thomson, de ce que vous voulez faire pour moi ; mais croyez bien que l'aimable Jenny était l'unique objet...

ATAR-GULL, *sortant du pavillon.* Les ordres sont exécutés.

RICHARD. A merveille.

THOMSON. Il n'y a rien à craindre, n'est-ce pas ?...

ATAR-GULL. Regardez vous-même, maître.

THOMSON, *sortant du pavillon.* Non... nul danger, Je pouvais d'ailleurs m'en rapporter à toi, mon fidèle serviteur.

RICHARD. C'est bien cela, dans la corbeille. (*Riant.*) Oh ! oh ! oh ! Elle va jeter de beaux cris.

ATAR-GULL, *à part.* Les imprudens ! ils oublient que la trace d'un serpent mort attire toujours un serpent vivant... Je me le suis rappelé, moi !

Il referme vivement la porte du pavillon, et va se coucher à demi sous la jalousie de la petite fenêtre.

SCENE VI.

Les Mêmes, JENNY, CLÉMENTINE, *puis* BAGUENAUDAIS, *chargé de différens objets.*

CLÉMENTINE. Allons donc, paresseux, allons donc.

BAGUENAUDAIS. C'est ça, paresseux... et c'est moi qui fais tout... Je vous demande un peu où est mon suppléant ; je ne le trouve jamais que quand il a besoin de moi... Oh ! il faudra que ça change.

On se met à table sous le bosquet. Baguenaudais sert ; puis après avoir servi, va se mettre dans un coin du bosquet à l'ombre, et agite un éventail.

RICHARD. En vérité, Clémentine, je ne saurais pas le contenu de la lettre que tout-à-l'heure vous avez remise à votre père que je le devinerais à la joie qui brille dans vos yeux.

CLÉMENTINE. Sir Richard, je n'ai pas de pruderie ridicule, et je ne cherche point à cacher mon bonheur. J'aime Edouard de toute la force de mon ame, mon père approuve cet amour, et le jour où il bénira mon union sera le plus beau de ma vie.

THOMSON. Chère Clémentine !

FANNY, *qui jette à la dérobée un regard sur Atar-Gull.* Pauvre Atar-Gull ! le soleil le brûle, mais je n'ose l'appeler.

Atar-Gull écoute avec anxiété, et son regard semble attaché du côté où il est allé chercher le serpent mort.

CLÉMENTINE. Je vais maintenant croire au pressentiment, mon père ; il devait m'arriver quelque chose d'heureux aujourd'hui car depuis ce matin je suis vraiment dans une gaité folle.

Ici Atar-Gull fait un mouvement de joie : à travers les plates-bandes, il voit un serpent dérouler ses anneaux.

ATAR-GULL, *à part.* Enfin le voilà... Il a reconnu la trace... il trouvera passage... j'ai laissé une croisée ouverte... Achève ton ouvrage, sir Richard ! c'est pour le vieux Job que que tu agis.

CLÉMENTINE. Que signifient les signes que vous échangez avec mon père ?... Me ménageriez-vous une surprise, sir Richard ?

RICHARD. Peut-être bien.

BAGUENAUDAIS. Ah! oui, la corbeille de fleurs.

CLÉMENTINE. Une corbeille de fleurs!

RICHARD. Oui , ma chère belle-sœur, dans votre pavillon.

CLÉMENTINE. Vraiment! je veux les voir tout de suite ; viens-tu avec moi , Jenny ?

JENNY. Que m'importe ! non , vas-y seule.

CLÉMENTINE. Je vous dirai, sir Richard, si vous avez bon goût.

Elle se lève et court au pavillon ; Richard s'est levé aussi, et quand elle est entrée, il ferme la porte et se place devant.

JENNY. Que faites-vous donc , sir Richard?

RICHARD. Une plaisanterie; nous voulons guérir Clémentine de sa frayeur, le serpent mort est là.

JENNY. Oh! quelle cruelle plaisanterie !

THOMSON, *toujours assis et relisant sa lettre.* Il n'y a pas de danger mon enfant.

CLÉMENTINE, *dans le pavillon.* Ah! au secours, à moi... un serpent...

RICHARD, *riant.* Ah! ah! j'en étais sûr.

THOMSON, *riant.* Ah! ah! ah! mais n'aie donc pas peur.

JENNY. Oh! c'est assez... Richard...

CLÉMENTINE, *frapant à la porte.* Ah!... mon père! Jenny! il me mord... ah!

ATAR-GULL, *qui, pendant ce temps, a soulevé la jalousie, puis a détourné la tête.* Oh! c'est atroce, le supplice de cette jeune fille.

Au moment où Clémentine, en se débattant, arrache la jalousie et tombe avec elle, on voit alors l'intérieur du pavillon. La jeune fille est mourante et ensanglantée. Jenny pousse un cri et tombe devant la fenêtre du pavillon. Richard se cache le visage, et Thomson, qui a couru à Clémentine, s'arrête épouvanté devant la porte. Atar-Gull contemple ce spectacle avec une joie mêlée de terreur.

ATAR-GULL, *à part.* Le vieux chef avait raison, la vengeance du serpent est la plus sûre.

FIN DU TROISIÈME TABLEAU.

Quatrième tableau.

Même décor qu'au tableau précédent ; seulement ; à la place du pavillon qu'on a détruit, s'élève une corbeille de verdure au milieu de laquelle on entrevoit une petite colonne de marbre blanc et le nom de Clémentine gravé sur la colonne. Ce petit tombeau de jeune fille doit offrir un aspect plutôt gracieux que triste. Au fond, l'habitation, dont toutes les jalousies sont baissées.

SCÈNE VII.

JENNY, *en robe de deuil, arrose les fleurs qui croissent autour de la petite colonne.* Malgré mes soins, le soleil dévorant brule mes fleurs... Pauvre Clémentine ! six mois ont passé, et notre douleur semble encore ne dater que d'hier ; déja sous le marbre , toi qui entrais à peine et si joyeuse dans la vie où ! la mort s'est trompée, c'est moi qu'elle devait atteindre, moi à qui le ciel ne gardait ni bonheur, ni joie! moi qui n'étais pas aimée d'amour.

SCENE VIII.

JENNY, BAGUENAUDAIS, *sortant de l'habitation.*

BAGUENAUDAIS. Me v'la bien on me donné mon congé; qu'est-ce que je vas devenir ? Comme c'est commode de se trouver sur le pavé à la Jamaïque.

JENNY. Qu'as-tu donc, mon ami ?

BAGUENAUDAIS. J'ai , mademoiselle , que M. votre père vient de dire à tous ses domestiques : « Mes enfans , je n'ai » plus assez de fortune pour payer vos ser- » vices, cherchez un autre maître, ou re- » tournez chez vous. » Retourner chez soi, c'est gentil, quand on a deux mille lieues à faire ; scélérat de Robinson Crusoé! c'est pourtant lui qu'est cause de tout ça!

JENNY. Mon ami, je supplierai mon père de te garder ; je comprends qu'il diminue le train de sa maison : depuis près d'un an il a fait des pertes si considérables.

BAGUENAUDAIS. C'est vrai qu'il a eu du guignon depuis quelque temps : il a été obliger de supprimer jusqu'au commandeur à qui il ne restait plus d'esclaves à battre.

JENNY. Quelque complète que soit notre ruine, j'en éprouve une secrète joie ; elle a éloigné sir Richard.

BAGUENAUDAIS. A propos de sir Richard, j'ai là pour lui une lettre de monsieur votre père.

JENNY. Une lettre à sir Richard !

BAGUENAUDAIS. Quoiqu'on me supprime, je veux faire mon service jusqu'à la fin. Ah ! v'là Atar-Gull... il ne risque rien de faire aussi son paquet ; car je suis sûr que sir Thomson le vendra un de ces quatre matins.

JENNY. Le vendre ! lui, Atar-Gull !

BAGUENAUDAIS. Et il en aura un bon prix ; il a une santé de fer , ce garçon-là... Tous ses camarades sont morts, et il n'a pas même attrapé la fièvre. Adieu, mademoiselle ; je vais tâcher de me louer quelque part. O ma rue Tirechape, où es-tu ?

SCENE IX.

JENNY, ATAR-GULL.

JENNY, *a part.* Pourquoi donc mon père écrit-il à sir Richard ?

ATAR-GULL. Maîtresse, ton père te prie de quitter aujourd'hui tes habits de deuil et de prendre des habits de fête.

JENNY. De fête ! quel motif ?

ATAR-GULL. Il attend du monde.

JENNY. J'obéirai. Une fête ici... Ah ! une réunion d'adieu. Nous allons quitter la colonie, peut-être... (*Elle fait quelques pas vers l'habitation.*) Partir ! et... (*Elle s'arrête, regarde un moment Atar-Gull, et revient à lui.*) Atar-Gull !

ATAR-GULL. Maîtresse.

JENNY. Un mot seulement. Mon ami ! si le sort, qui nous a traités si cruellement, ne se lassait pas de nous poursuivre ; s'il nous réservait encore quelque coup imprévu est-ce que tu nous abandonnerais ?

ATAR-GULL. Le maître a payé son esclave ; son esclave est à lui.

JENNY. Mais s'il dépendait de toi d'être libre... nous quitte... quitterais-tu mon père ?

ATAR-GULL. Oh ! non, j'ai fait un serment qui m'enchaîne à lui.

JENNY. Un serment !

ATAR-GULL. Ne cherche pas à me deviner, maîtresse ; ton ame ne peut pas comprendre la mienne.

JENNY, *le regardant.* Pourquoi ?

ATAR-GULL. Parce que les blancs semblent douter que sous notre poitrine noire il y ait, comme sous la leur, un cœur qui sente... qui souffre et qui se souvienne.

JENNY. Que dit-il ?

ATAR-GULL. Pourtant le même sang qui circule dans leurs veines bouillonne et s'allume dans les nôtres. Ils nous ont fait descendre au rang de la brute ; mais ce cœur qui bat et s'indigne nous rappelle parfois que Dieu ne nous créa point esclaves , et qu'il nous fit hommes aussi.

JENNY, *à part.* J'aime à lui voir cette fierté.

ATAR-GULL. Dans la vie d'Atar-Gull, de l'obscur, de l'indifférent Atar-Gull, il est survenu un de ces jours qui décident d'un autre avenir, et le soleil de cette journée a laissé là une trace qui ne s'effacera plus.

JENNY, *avec une tendre inquiétude.* Je crois te comprendre, Atar-Gull, tu veux parler du jour où je te vis pour la première fois : tu étais enchaîné, j'obtins ta grâce, et ce jour changea ton sort. Est-ce de celui-là que tu te souviens ?

ATAR-GULL. Oui, maîtresse ; dès ce jour une autre vie a commencé pour moi.

JENNY, *à part.* Oh ! mon Dieu !

ATAR-GULL. De ce jour, j'ai juré que la mort seule me séparerait de mon maître. Oh ! je t'en supplie à genoux , maîtresse, dis bien à ton père de ne pas renvoyer son esclave ; dis bien à ton père qu'à lui j'ai voué chaque jour, chaque heure de mon existence. S'il est malheureux, dis qu'Atar-Gull travaillera pour lui, pour toi... Atar-Gull ne demandera rien pour son salaire, rien, entends-tu ? mais il faut qu'il reste avec son maître ! il le faut pour qu'il vive ! pour que son poignard ne se teigne pas de sang.

JENNY, *avec émotion.* Rassure-toi, retire-toi, Atar-Gull ! je parlerai à mon père. Oh ! lui non plus ne voudra pas se séparer de toi ; tu ne nous quitteras pas ; Jenny te le promet. L'heure avance, adieu , adieu , Atar-Gull ; je vais à ma toilette ; achève d'arroser ces fleurs. A ce soir.

ATAR-GULL. On ne chassera point Atar-Gull, n'est-ce pas ?

JENNY. Oh ! jamais ; à ce soir. (*Elle fait quelques pas, puis s'arrête, se retourne.*) Pauvre Atar-Gull ! oh ! mon Dieu ! l'ai-je compris !

Elle sort.

SCENE X.

Quand la jeune fille est partie il va prendre l'arrosoir, puis s'arrête pour réfléchir.

ATAR-GULL , *seul.*

Je n'avais pas songé que le vieillard pouvait se défaire de moi... Ah ! le jour où il me dira : Pars! de ce jour il faudra qu'il meure ; mais cette mort prompte et sans souffrance n'est pas ce que j'ai promis à Job, à mes frères qui sont allés le rejoindre. Ils étaient douze, les noirs du morne aux Loups... qui m'ont dit : Atar-Gull !... compte-nous bien ; autant de tortures que de victimes !... Thomson... ton supplice ne peut pas finir sitôt !... les peines de ta fille m'aideront à le prolonger... (*Il se dirige vers le tombeau et le regarde.*) La ruine du maître et ce tombeau attestent assez qu'Atar-Gull n'a pas oublié... Pourtant mes frères accusent ma lenteur ; plus d'une fois déjà ils m'ont envoyé la branche de mancénillier, pour me demander le signal de meurtre et d'incendie ; mais j'hésite à le leur donner. Cette pauvre jeune fille si pure, si bonne ! ils la tueraient... et certes, elle n'eût pas condamné Job. Oh ! non, elle eût crié : Pitié, pitié pour lui ! et dans le cœur d'Atar-Gull il y a pitié pour elle. (*Regardant le tombeau.*) Oh ! assez d'une victime innocente, je n'en veux plus d'autre que Thomson ; mais celle-là, Job, il te la faut.

SCENE XI.

ATAR-GULL, THOMSON.

Thomson avance lentement, s'arrête et se découvre devant le tombeau.

THOMSON. Merci, mon Atar-Gull, merci des soins religieux que tu donnes à ce dernier asile de ma fille bien-aimée.

ATAR-GULL, *avançant un siége*. Maître, vous paraissez plus souffrant que de coutume.

THOMSON, *s'asseyant*. Le coup que j'ai reçu est mortel ; mais écoute-moi, Atar-Gull.

ATAR-GULL. Oui, maître...

Il s'assied à ses pieds.

THOMSON. Depuis la mort de ma Clémentine, mon séjour ici me pèse. Tout-à-l'heure je vais marier Jenny à sir Richard ; oui, à sir Richard, qui a tué mon enfant ; mais il le faut pour que ma dernière fille ne soit pas réduite à la misère et pour que je ne manque pas à l'honneur, le premier de tous les biens.

ATAR-GULL. L'honneur !

Il le regarde fixément.

THOMSON. Il ne me reste plus que cette seule habitation ; elle suffirait tout au plus à payer ce que je dois à Richard, si je lui refusais la main de Jenny, qu'hier il m'a fait impérieusement demander. L'idée seule de ce mariage me brise le cœur ! pourtant il se fera. Je dois avant tout, remplir mes engagemens ; car, je te le répète, il y va de l'honneur.

ATAR-GULL. C'est donc bien précieux, l'honneur ?

THOMSON. Oh ! plus que la vie.

ATAR-GULL. Et on le perd en manquant à sa parole ?

THOMSON. Sans doute.

ATAR-GULL, *à part*. Tu y manqueras.

THOMSON. Après cette union, je partirai pour l'Europe ; M. Adderson m'adressera à l'un de ses correspondans, chez lequel, par ses conseils, j'ai placé quelques fonds. En m'éloignant, je n'ai pas voulu te laisser à un autre maître... Atar-Gull, voilà ton acte d'affranchissement.

ATAR-GULL. O maître, je ne l'accepte pas ; partout je te suivrai, j'en ai fait le serment et mon Dieu punit le parjure.

THOMSON. Je te le répète, tu ne m'appartiens plus...

ATAR-GULL, *à part*. Mais il m'appartient, lui.

SCENE XII.

LES MÊMES, BAGUENAUDAIS.

BAGUENAUDAIS. Pardon, sir Richard a votre lettre... et le notaire est dans le petit salon.

THOMSON. Bien, je vais convenir avec lui des différentes clauses du contrat. Atar-Gull... en France, il n'y a plus d'esclaves ; mais mon ami pourra m'accompagner.

Atar-Gull lui baise la main. Thomson entre à l'habitation.

SCENE XIII.

ATAR-GULL, BAGUENAUDAIS.

BAGUENAUDAIS. Bon ! le v'là parti !

ATAR-GULL, *à part*. Son honneur !...

BAGUENAUDAIS, *tirant de sa poche une branche de mancénillier et la présentant à Atar-Gull*. Voulez-vous bien me permettre de vous en souhaiter bonne et heureuse ?

ATAR-GULL. Que veux-tu dire ?

BAGUENAUDAIS. Je vous souhaite votre fête.

ATAR-GULL. Comment ?

BAGUENAUDAIS. Sans doute... Tout-à-l'heure, comme je traversais le sentier qui conduit chez sir Richard, j'ai vu sortir d'un gros buisson un moricaud qui m'a dit : « Tu es au planteur Thomson ? —Oui, esclave, j'ai l'honneur d'être son domestique encore un quart d'heure. — Eh bien ! donne cela à Atar-Gull. »

ATAR-GULL. La branche de mancénillier.

BAGUENAUDAIS. Alors je me suis dit : Il paraît que sur le calendrier noir c'est la Saint-Atar-Gull... et voilà pourquoi je vous prie d'accepter ce léger coco, que j'ai cueilli à votre intention.

ATAR-GULL, *sans l'écouter*. Ils sont dans les environs..... ils attendent le signal..... pour achever l'œuvre..... Mais la jeune fille...

BAGUENAUDAIS, *à part*. A présent que je l'ai bien disposé, faut que je lui fasse ma proposition... (*Haut.*) Dites-moi, quarteron, c'est-i vrai ce qu'on m'a dit, que le patron vous avait affranchi ?

ATAR-GULL. Oui.

BAGUENAUDAIS. Eh bien ! si vous voulez, je vous achète ; vous me donnerez du temps, vous travaillerez pour moi, et vous aurez la moitié de ce que vous gagnerez en à-compte. Hein ! ça vous va-t-i !

ATAR-GULL, *à part*. Si je balance longtemps encore, Thomson s'acquittera envers sir Richard.

JENNY, *paraissant sous le péristyle*. Atar-Gull !

ATAR-GULL. Maîtresse ?

JENNY. Il faut que je te parle.

ATAR-GULL. A moi ?

JENNY, *à Baguenaudais*. Mon père a besoin de vous au salon.

BAGUENAUDAIS. J'y cours, mademoiselle. (*A part.*) Ça n'a pas l'air de lui sourire beaucoup ; je vas toujours me proposer à sir Richard.

SCENE XIV.

ATAR-GULL, JENNY.

ATAR-GULL. Qu'as-tu donc, maîtresse ?

JENNY. Atar-Gull, Richard est ici ; que vient-il faire ?

ATAR-GULL. Chercher sa fiancée !

JENNY. Lui... oh ! c'est impossible... Cet odieux mariage, la mort de ma sœur l'a rompu.

ATAR-GULL. Tu te trompes, maîtresse, aujourd'hui tu seras unie à sir Richard.

JENNY. Plutôt mourir !

ATAR-GULL, *à part*. Que dit-elle ? (*Haut.*) N'avais-tu pas consenti ?

JENNY. Il y a huit mois... mais alors Richard n'avait pas creusé ce tombeau... mais alors... Atar-Gull, il y a maintenant entre Richard et moi une barrière insurmontable...

ATAR-GULL, *avec feu*. Insurmontable !... maîtresse. Ah ! dis-tu vrai ? tu n'épouseras pas Richard ? Oh ! mais les prières d'un père ont tout pouvoir sur nous... Résisterais-tu aux larmes du tien ?... Oh ! tu hésites... tu céderais !

JENNY. Mon ami, dans ma détresse, j'ai pensé à toi. Tu m'as sauvé la vie, sauve-moi du malheur. Dis-moi, quel parti prendre ? que faire ?... Je crains les larmes de mon père, je l'avoue ; mais je ne crains pas la mort... Pour éviter cet affreux hymen... n'ai-je qu'à mourir ?... Parle, je suis prête.

ATAR-GULL. Toi mourir !... Oh ! non, non... Mais écoute les conseils d'un pauvre esclave... n'avoue rien à ton père. Une fois en présence de sir Richard, de ses témoins, de son notaire, refuse, méprise son alliance ; dis-lui, s'il le faut, que ton cœur est à un autre. Richard, devant tout le monde, ne pourra ni dévorer son affront, ni te contraindre ; il rendra à ton père la parole qu'il en a reçue... Ainsi tu ne mourras pas, maîtresse, et Richard n'aura pas sa fiancée... Quelqu'un vient... c'est ton père. Qu'il ne soupçonne pas ta résolution... tu ne lui résisterais pas peut-être. Maîtresse, une parole que devant Richard... Ce que j'ai dit, le feras-tu ?

JENNY, *avec force*. Oui !...

SCENE XV.

LES MÊMES, THOMSON.

THOMSON. Laisse-nous, Atar-Gull.

ATAR-GULL. Oui, maître.

Il sort.

JENNY, *à part*. O mon Dieu ! aurai-je assez de force...

THOMSON. Ma fille ! pourquoi es-tu sortie du salon ?

JENNY. Parce que j'y avais aperçu sir Richard.

THOMSON. Eh bien ! ne devais-tu pas t'attendre qu'un jour il viendrait réclamer l'exécution de ma promesse ?

JENNY. Il est donc vrai !

THOMSON. J'ai donné un prétexte à ta brusque sortie... Mais la rédaction du contrat doit toucher à sa fin... Jenny... ou nous attend. Viens... mais qu'as-tu donc ? tu pâlis, tes genoux chancellent !

JENNY. Je ne puis aller plus loin.

THOMSON. Jenny, ma fille !

JENNY, *tombant à ses genoux.* Mon père... je n'épouserai pas sir Richard.

THOMSON. Qu'entends-je ?

JENNY. Ah ! vous allez me maudire ; **et** pourtant je suis bien malheureuse.

THOMSON. Te maudire, toi, Jenny, toi l'unique enfant que le ciel m'ait laissée ; oh ! non, ton père a d'autres armes en son pouvoir ; relève-toi, ma fille, ne crains plus... et viens sur mon cœur, là nous nous entendrons mieux.

JENNY. Mon père, ne me parlez pas ainsi ; c'était votre bonté que je redoutais bien plus que votre colère, mais j'en suis indigne, je vous l'ai dit, mon père : jamais je ne consentirai...

THOMSON. Ecoute, enfant, je comprends ta répugnance, l'ombre de notre Clémentine, n'est-ce pas, se place entre Richard et toi ? Eh bien, ma Jenny, si par un miracle Clémentine pouvait soulever ce marbre et t'apparaître, elle aussi tomberait à genoux, te dirait : « Jenny, après moi, tu as hérité » de la part d'amour que mon père m'a- » vait faite, sur toi se sont amassées toutes » ses affections, toutes ses espérances, toi » seule tu l'attaches encore à la vie ; Jen- » ny, ton refus, c'est le déshonneur, et le » déshonneur pour lui, c'est la mort ! »

JENNY. Le déshonneur !

THOMSON. Tiens, ma fille, prends cette lettre qu'hier j'ai reçue de sir Richard ; tu verras si je puis me délier de ma promesse.

JENNY. Que vois-je !... il réclame ma main ou cette habitation, seul bien qui vous reste, mon consentement ou votre ruine.

THOMSON. Maintenant, Jenny, prononce, il dépend de toi que mes derniers jours s'éteignent sans que je connaisse la misère ; la misère ! oh ! je te l'avoue, elle m'effraie ; à plus jeune elle pèse ; à mon âge, elle tue !

JENNY, *à elle-même.* O mon Dieu ! mais c'est affreux... moi, l'épouse de Richard, Richard !... C'est impossible ! et pourtant le faut ; oui, mon père, car entre mon malheur et le vôtre, votre fille ne balancera s ; mais son cœur est brisé, mais sa tête perd : ah ! mon Dieu ! que je voudrais ne mourir !

THOMSON, *avec résignation.* Calme-toi, ma Jenny, je n'exige plus rien : que la volonté de Dieu soit faite. Je vais...

JENNY, *qui semble avoir pris une résolution.* Attendez, attendez, je vous prie.

THOMSON. Que dis-tu ?

JENNY. Oui, oui, le ciel a pris pitié de nous, une pensée m'est venue, qui nous sauve tous les deux.

THOMSON. Quelle est-elle ?

JENNY. Richard est là, allons le trouver, vous tiendrez votre parole, mon père, et le malheur n'écrasera pas votre vieillesse ; venez, venez, j'ai hâte d'éloigner de la misère.

THOMSON. Mais apprends-moi...

JENNY, *sautant à son cou.* Mon père

mon bon père, embrassez votre fille, et ne pleurez pas sur elle... son cœur n'est plus déchiré, sa tête n'est plus en feu ; voyez, plus de désespoir, plus de larmes dans ses yeux, elle est heureuse. Oh ! merci, Clémentine, merci, car c'est de toi que m'est venue cette pensée.

BAGUENAUDAIS, *descendant le perron.* Pardon si je vous dérange ; mais sir Richard s'impatiente, et il m'envoie...

JENNY. Vous l'entendez...

THOMSON. Ne saurai-je pas avant...

JENNY. On nous attend.

THOMSON. Mais quel est ton espoir ?

JENNY, *à part.* Atar-Gull !... (Haut.) Venez, venez, mon père.

SCENE XVI.

BAGUENAUDAIS, ATAR-GULL.

BAGUENAUDAIS. Allons, elle va signer le contrat. O Gibecienne, le notaire qui doit faire le nôtre a le temps de tailler sa plume. Au reste, mademoiselle Jenny n'aura pas là un mari de premier choix ; il est gentil, le colon ! Il ne veut pas de moi, à moins que je ne me mette à faire pousser le sucre... Je n'ai plus qu'une ressource ; c'est d'acheter Atar-Gull, parce qu'à nous deux il fera ma besogne. Le v'là, nous allons terminer cette affaire-là tout de suite.

ATAR-GULL, *avec colère.* Elle a signé... Le maître aurait tenu sa promesse ! et Jenny serait à Richard ! oh ! non !

BAGUENAUDAIS. Eh ben ! dites donc, avez-vous réfléchi à ma proposition ?

ATAR-GULL. Ecoute : tu m'as dit que je pouvais compter sur toi ?...

BAGUENAUDAIS. Pour le paiement, ça ne dépendra que de vous, puisque...

ATAR-GULL. Tu vas aller au bout de la grande savane.

BAGUENAUDAIS. Pourquoi faire ?

ATAR-GULL. Tu mettras en croix deux bambous.

BAGUENAUDAIS. C't'idée !

ATAR-GULL. Tu vas partir à l'instant même ; c'est la prière des nègres pour le mariage de notre jeune maîtresse.

BAGUENAUDAIS. Ah ! j'entends... c'est comme qui dirait quand maman brûle une petite chandelle à l'autel de sainte Cunégonde.

ATAR-GULL. Hâte-toi.

BAGUENAUDAIS. Soyez tranquille, j'ai de bonnes jambes ; d'ailleurs la peur, ça galope.

Il sort.

SCENE XXII.

ATAR-GULL, JENNY.

ATAR-GULL. C'en est fait, ruine et destruction, venez à mon aide ; dans quelques minutes cette riche habitation n'offrira plus qu'un amas de décombres. Sir Richard l'époux de Jenny ! jamais... jamais ! Accourez, vengeurs du vieux Job, renversez tout ce qui doit appartenir à Richard ! Meure Jenny elle-même plutôt que d'être à lui !

JENNY. Enfin je suis libre ! Atar-Gull, à moi...

ATAR-GULL. Que veux-tu, maîtresse ?

JENNY. Tu l'avais dit, je n'ai pu résister à mon père... Oh ! non, je ne le devais pas ; j'aurais été maudite de Dieu. J'ai consenti pour que le vieillard ne manquât pas de pain, pour qu'il eût un asile où il pût reposer sa tête. A présent, Atar-Gull, que j'ai accompli ce devoir sacré, je puis bien me soustraire au supplice affreux qui m'est réservé, n'est-ce pas ?

ATAR-GULL. Qui te sauvera ?

JENNY. Toi !

ATAR-GULL. Moi ?

JENNY. Ecoute, écoute, Atar-Gull. Les hommes de couleur ont en leur pouvoir, je le sais, un poison qui tue aussi promptement que l'acier. Atar-Gull, c'est de cela qu'il me faut ; ce matin je t'ai dit : Plutôt mourir que d'être à sir Richard. Je suis à lui, tu vois bien qu'il faut que je meure.

Ici des nègres paraissent sur le toit de l'habitation ; d'autres descendent le long du mur et entrent dans l'habitation. On a dû voir précédemment de la lumière à une fenêtre ; c'est celle de la chambre de Thomson ; Atar-Gull a vu les nègres pénétrer dans la maison, et il a fait un mouvement de joie.

ATAR-GULL, *en souriant.* Rassure-toi... maîtresse, tu ne mourras pas, et ton mariage n'aura pas lieu.

JENNY. Qui l'empêchera ?

ATAR-GULL. Dieu et les noirs de la montagne. Regarde.

Le feu paraît.

JENNY. Ah ! le feu... le feu ! les misérables !... mon père est déshonoré ! Au secours ! au secours !

ATAR-GULL. Tais-toi, tais-toi, maîtresse ; ils te tueront.

JENNY. Miséricorde ! le feu gagne la chambre de mon père. Oh ! Atar-Gull, tu ne le laisseras pas mourir. Au nom de ton père, Atar-Gull, sauve le mien.

ATAR-GULL. Mon père ! as-tu dit ? Oh ! oui, vieux Job, Thomson ne doit pas mourir encore.

Il s'élance au milieu des flammes.

BAGUENAUDAIS, *paraissant à une lucarne.* Encore les marrons qui brûlent ; au secours... ils m'étouffent.

JENNY. Ah ! voilà la cloche de secours.

Elle l'agite violemment.

BAGUENAUDAIS, *qui agite un drap, glisse jusqu'en bas.* Ouf ! ah ! que c'est haut.

JENNY, *apercevant des soldats qui entrent en scène.* O mon Dieu ! tu nous envoies des sauveurs !

Les soldats font feu sur les nègres incendiaires, qui tombent et s'enfuient. Atar-Gull sort du milieu des flammes, portant Thomson évanoui.

JENNY. Mon père !

ATAR-GULL. Le voilà, maîtresse... Respire-t-il encore ?

JENNY. Dieu soit béni ; Atar-Gull, il existe !

ATAR-GULL, *à part.* Oui, pour connaître son malheur.

TABLEAU.

ACTE III.

Le théâtre représente la cour d'une maison de la rue Tirechape. A droite du public, le commencement d'un escalier avec une rampe. A gauche, la loge du portier; au fond, la porte cochère.

SCENE PREMIERE.

LA MÈRE BAGUENAUDAIS, Voisines.

Au lever du rideau, le théâtre est vide; on frappe à la porte, la mère Baguenaudais tire le cordon; toutes les voisines arrivent, ayant chacune un pot au lait à la main.

LA MÈRE BAGUENAUDAIS. Arrivez, mes chères voisines, arrivez donc... J'en ai une fière à vous conter à ce matin.

UNE VOISINE. C'est-il toujours la tailleuse du second qu'a battu son mari?... ou bien je gage que c'est l'huissier du premier qui a encore découché... Dam! un homme de plume, c'est si léger.

LA MÈRE BAGUENAUDAIS. Il s'agit bien de tout ça; c'est de mon fils, de mon cher Lolo Baguenaudais, que je veux vous parler... Il arrive, mesdames, il arrive après trois ans d'absence.

TOUTES. Il serait possible!

LA MÈRE BAGUENAUDAIS. Voyez, j'en pleure de joie!... Ce n'est pas tout que l'plaisir; mais l'amour-propre donc... Pouvoir dire : J'ai un fils qui a vu la fin du monde... qui a marché sur le dernier bout de l'univers... Mais tenez, écoutez la lettre que j'ai reçue hier soir... Vous verrez comme c'est écrit... Il y a du sentiment, l'orthographe et tout... quoi!

LES VOISINES. Nous écoutons.

LA MÈRE BAGUENAUDAIS, *tirant une lettre de sa poche.* « A madame veuve Baguenaudais, portière, rue Tirechape, n° 13, » département de la Seine, en Europe. De » la Jamaïque. »

LA VOISINE. Tiens, la Jamaïque! je connais une eau-de-vie de ce pays-là.

LA MÈRE BAGUENAUDAIS. Ça s'appelle du rhum, mère Cloquet; c'est très-estomachal pour la poitrine. Mais laissez-moi rachever. (*Lisant.*) « Chère maman, votre » fils n'est pas mort; au contraire, les voya» ges l'ont mis à même de développer ses » facultés intellectuelles. »

LA VOISINE. Comment, intellectuelles?

LA MÈRE BAGUENAUDAIS. C'est un mot espagnol. « Le fait est que je suis devenu » très-joli garçon... Ce n'est pas comme » vous, ô ma mère chérie, je gage que je » vous retrouverai bien changée à votre » désavantage... et c'est dommage, car vous » n'étiez pas déjà très-bien à mon départ. » Il a une mémoire d'ange, cet enfant-là...

« Vous sentez bien, chère maman, que je » ne vas pas m'amuser à vous raconter mes » aventures, d'autant plus que je veux avoir » quelque chose à vous dire à mon retour. » Dites à Gibecienne que si ma couleur » est un peu changée mon cœur est tou» jours le même. »

LA VOISINE. Ah! mon Dieu, le pauvre garçon, quand il saura.

LA MÈRE BAGUENAUDAIS. Ne m'en parlez pas, voisine, ça me saigne l'âme rien que d'y penser... Continuons. « Je vous

» écris à deux mille lieues de la rue Tire» chape. Attendez-moi demain à déjeu» ner, et tâchez que le lait de la mère Pi» chon ne tourne pas. »

LA VOISINE. Comment, il est à deux mille lieues, et il vient déjeuner ce matin?... Il faut que votre fils voyage en ballon.

LA MÈRE BAGUENAUDAIS. Ecoutez la *poste-escriptume*, et vous comprendrez. (*Lisant.*) « J'étais en effet à deux mille lieues » quand j'ai commencé cette lettre; mais » après l'avoir égarée pendant dix-huit » mois dans ma poche, j'ai le bonheur de » la retrouver ce soir à Saint-Denis où je » me suis arrêté, n'ayant pas la force d'aller » plus loin. C'est de là que je me dis votre » fils harrassé, courbaturé, échiné pour la » vie. Jean-Lolo-Marie-Madelaine Bague» naudais. »

LA VOISINE. Va-t-il en avoir à nous conter!... avec ça qu'il était déjà un peu bavard.

LA MÈRE BAGUENAUDAIS. Voisines, je me ferai un vrai plaisir de vous recevoir dans mon salon; car il va me donner au moins un hôtel. Quand votre pot-bouille sera faite, vous viendrez chez moi écouter le récit des aventures de ce cher enfant.

LA VOISINE. Vous croyez donc qu'il a fait fortune?

LA MÈRE BAGUENAUDAIS. Je le suppose, mesdames; d'abord on ne va jamais dans les îles sans faire fortune... c'est connu.

LA VOISINE. Cependant, mère Baguenaudais, ce vieux bonhomme qui demeure chez vous tout là-haut, il en vient des îles... et pourtant ce n'est pas un richard.

LA MÈRE BAGUENAUDAIS. Je crois bien, et sans son domestique...; je ne sais pas trop ce qu'il serait devenu à Paris... voilà un être intéressant que ce bon M. Targu... C'est un' adoration de mulâtre, quoi, de voir comme il s'oublie pour son maître... Il le soigne que ça fait trembler... encore ne veut-il pas que personne en approche; on dirait qu'il a peur qu'on ne le lui mange.

LA VOISINE. Ce n'est pas l'embarras, tout le monde en fait du récit de ce M. Targu.

LA MÈRE BAGUENAUDAIS. N'y a pas à dire, c'est lui qui nourrit son maître. Le jour il travaille pour payer le médecin du père et la pension de la fille, mam'selle Jenny, qu'est en apprentissage chez une lingère, et quand il s'est bien fatigué toute la journée, il passe la nuit à veiller auprès du vieillard.

LA VOISINE. Il est donc bien malade, ce M. Tronson?

LA MÈRE BAGUENAUDAIS. Depuis un an qu'il demeure chez nous il n'a pas encore pu retrouver son bon sens. Le médecin dit comme ça que c'est la perte de sa fortune qui l'a rendu hébété. Sommes-nous heureux de n'avoir jamais rien eu, au moins, quand nous le perdrons, ça ne nous causera pas de révolution.

On frappe.

LA VOISINE. Dites donc, mère Baguenaudais, on a frappé.

LA MÈRE BAGUENAUDAIS. Dieu! si c'était...

Elle va tirer le cordon.

LA VOISINE. Eh bien..... non, c'est Targu.

SCENE II.

LES MÊMES, ATAR-GULL, *costume d'ouvrier de Paris.*

LA MÈRE BAGUENAUDAIS *et* LES VOISINES. Bonjour, monsieur Targu... vot' servante, monsieur Targu.

ATAR-GULL. Il n'est venu personne?

LA MÈRE BAGUENAUDAIS. Si fait, le médecin, d'abord... Il est près de votre maître qui va toujours de même... aussi vous feriez bien d'écouter le docteur, qui ne demande pas mieux que de placer ce pauvre bonhomme dans une maison de santé... Au moins vous auriez un peu de repos.

ATAR-GULL. Le confier à d'autres soins que les miens; ah! non... nous ne devons pas nous quitter encore!

LA MÈRE BAGUENAUDAIS, *aux voisines.* Il n'y a que ces gens-là pour aimer comme ça.

ATAR-GULL, *à part.* Le vieux Job a reçu mon serment... et, quoi qu'il m'en coûte, j'attendrai le retour de la raison du maître pour accomplir ma promesse jusqu'à la fin.

Il va pour monter.

LA MÈRE BAGUENAUDAIS. Excuse, monsieur Targu; il est venu aussi une lettre pour vous : c'est, je crois, de la part de mam'selle Jenny.

ATAR-GULL, *vivement.* De Jenny! donnez. (*Il ouvre la lettre.*) Pauvre jeune fille! elle demande à voir Thomson, à lui prodiguer ses soins... Mais non, je ne dois pas lui permettre de venir ici... ses larmes me font trop de mal... quand elle pleure, il me semble que je ne hais plus son père... j'oublie tout le mal qu'il a fait au mien... Tant que le vieillard vivra, il faut que ma haine vive aussi... je ne verrai plus sa fille.

Il monte l'escalier.

LA MÈRE BAGUENAUDAIS. Voilà un sujet qui mérite le prix de vertu, celui-là! il n'y a pas à dire, il sert son maître pour rien; il est domestique pour l'honneur... ça relève joliment notre état.

On frappe à coups redoublés.

LA VOISINE. Quel carillon!

LA MÈRE BAGUENAUDAIS. Cette fois, mes voisines, je crois que c'est lui... Lolo, mon enfant.

SCENE III.

LA MÈRE BAGUENAUDAIS, LES VOISINES, BAGUENAUDAIS.

BAGUENAUDAIS, *en dehors.* Maman, chère maman! c'est moi... me revoilà.

LA MÈRE BAGUENAUDAIS. Ah! mon cœur l'avait reconnu au coup de marteau. Mère Cloquet, allez lui ouvrir; je n'ai plus la force de tirer le cordon.

LA VOISINE. J'y cours.

Elle tire le cordon. Baguenaudais paraît : il est en costume de voyage très-pauvre, et porte un paquet attaché au bout d'un bâton.

BAGUENAUDAIS. Où est ma mère! que j'embrasse ma mère... (*A une voisine en la repoussant.*) Ce n'est pas vous, il me faut celle qui m'a donné le jour.

LA MÈRE BAGUENAUDAIS. Eh! me voilà, cher enfant! le bonheur m'a ôté les jambes.

BAGUENAUDAIS. Dieu! oui... c'est elle... (*L'embrassant.*) Pauvre mère! vous êtes bien vieillie... c'est égal, je vous aime tout de même.

LA MÈRE BAGUENAUDAIS, *pleurant de joie.* Mon Lolo! tu as été bien longtemps?

BAGUENAUDAIS. Ah! dam! je ne reviens pas que de Pontoise. Ah çà, à présent que la nature est satisfaite, l'amour m'est nécessaire. Mais je ne vois pas Gibecienne. il me la faut... il me la faut, et tout de suite.

LA MÈRE BAGUENAUDAIS. Hélas! pour le moment, Gibecienne est à Saint-Mandé, où elle a mis son dernier en sevrage.

BAGUENAUDAIS. Qu'est-ce que vous m'apprenez là?.. Gibecienne a un enfant... un enfant dont je ne suis pas le père!

LA VOISINE. Elle en a bien trois.

BAGUENAUDAIS. C'est impossible. Je n'étais pas là... comment ça s'est-il fait?

LA MÈRE BAGUENAUDAIS. Ne pense plus à cette fille-là, mon enfant : c'est une ingrate. Deux mois après ton départ, ne s'est-elle pas mariée à un sapeur-pompier.

BAGUENAUDAIS. Ah! ma mère... ma mère... donnez-moi quelque chose pour me remettre, je vas me trouver mal. (*Avec attendrissement.*) Malheureux Baguenaudais! c'était bien la peine d'aller si loin ; je croyais en avoir vu de toutes les couleurs, il me manquait encore celle-là. (*Reprenant avec rage.*) Scélérat de Robinson! c'est lui qui est cause de tout... maman, donnez-moi Robinson, que je le déchire comme un anthropophage.

LA MÈRE BAGUENAUDAIS. Fais-toi une raison, mon fils; avec ta fortune et tes talens, tu en trouveras une autre plus sensible et plus fidèle.

LA VOISINE. Certainement, il n'en manque pas dans le quartier.

BAGUENAUDAIS. Laissez-moi tranquille... quand je pense qu'il n'aurait tenu qu'à moi d'épouser la fille d'un roi sauvage; je serais peut-être sur le trône à présent... et que j'ai préféré revenir près de la perfide!

LA MÈRE BAGUENAUDAIS. Il serait vrai? j'aurais pu avoir une bru couronnée?

BAGUENAUDAIS. Certainement ; ça n'aurait tenu qu'à moi ; mais quand j'ai passé par là il n'y avait pas de princesse à marier.

LA MÈRE BAGUENAUDAIS. J'espère que tu vas nous conter tes aventures.

BAGUENAUDAIS. Pas tout de suite : d'abord je gèle ici... je n'ai plus l'habitude du climat ; aussi il faut commencer par me réchauffer. Donnez-moi une chaufferette, la pompe à feu, un rayon du soleil, ce qui vous tombera sous la main.

LA MÈRE BAGUENAUDAIS. Tu vas avoir ton café ; mais dis-nous au moins quelques mots sur tes voyages.

BAGUENAUDAIS. Vous saurez donc que je viens d'un pays où l'on roule dans l'or, où l'on couche sur des pierres précieuses : on est servi par des nègres dont les gages se paient à coups de bâton... Moi, qui vous parle, j'en ai eu à mon service.

LA MÈRE BAGUENAUDAIS. Vraiment?...

BAGUENAUDAIS. J'en ai eu un, mais qui en valait bien deux, et même trois. Dieu! quel beau mulâtre que mon Atar-Gull.

LA MÈRE BAGUENAUDAIS. M. Targu... mais je le connais, nous le connaissons toutes, n'est-ce pas, ma voisine? il demeure ici avec son maître, M. Tonson.

BAGUENAUDAIS. Bah! il est ici... Je vois ce que c'est : en venant à Paris, il se sera souvenu de votre adresse, je lui parlais si souvent de vous.

LA MÈRE BAGUENAUDAIS. Et tu dis qu'il t'a servi?

BAGUENAUDAIS. Oui, je devais l'acheter; il était convenu qu'il ferait mes courses, et je me tuais à faire ses commissions. Bref, je vous dirai le reste plus tard.

LA MÈRE BAGUENAUDAIS. C'est ça, mesdames ; à ce soir, il y aura du cidre et des marrons.

BAGUENAUDAIS, *exaspéré.* Des marrons! Ah! maman! ne me parlez pas de ça... je ne veux pas qu'il en entre un seul ici, ou je m'en vas. Je les déteste, je les abhorre, les scélérats, les brigands! vous ne savez donc pas que j'ai manqué d'être étouffé par les marrons?

LA MÈRE BAGUENAUDAIS. Allons, il n'y en aura pas, puisqu'ils te font mal. (*Aux voisines.*) A ce soir.

TOUTES. A ce soir.

Les Voisines sortent.

SCENE IV.

BAGUENAUDAIS, LA MERE BAGUENAUDAIS.

LA MÈRE BAGUENAUDAIS. A présent que nous sommes seuls, tu vas me parler un peu de ta petite fortune.

BAGUENAUDAIS. Ma fortune, maman, vous me voyez avec tout ce que je possède.

LA MÈRE BAGUENAUDAIS. Est-il de Dieu possible! tu ne t'es pas plus enrichi que ça?

BAGUENAUDAIS. Eh bien, non, chère maman... tout le monde va aux îles pour amasser des millions... je n'ai pas voulu ressembler aux autres... je ne vous ai pas oubliée cependant, et comme je viens du pays où l'on trouve tous les trésors de la nature, j'ai ramassé quelque chose pour vous.

LA MÈRE BAGUENAUDAIS. Ah! j'étais bien sûre que tu ne reviendrais pas les mains vides... Voyons ce que tu as à me donner.

BAGUENAUDAIS, *lui offrant son bâton.* D'abord cette véritable canne à sucre... vous porterez ça chez votre épicier, et moyennant trente ou quarante sous il vous fournira un très-beau quarteron de sucre... (*fouillant dans son paquet*) ensuite j'ai le plaisir de vous offrir ce petit coquillage pour mettre sur votre cheminée... ça fera pendant avec Fifi, votre serin empaillé.

LA MÈRE BAGUENAUDAIS. V'là quelque chose de beau.

BAGUENAUDAIS. J'en avais un aussi pour Gibecienne, un coquillage... (*Il montre un pucelage.*) Il était de choix, celui-là!... v'là deux mille lieues que je le lui garde fidèlement... mais non... elle ne l'aura pas... je le conserve pour une autre.

LA MÈRE BAGUENAUDAIS. Tais-toi, voilà quelqu'un.

SCENE V.

LES MÊMES, JENNY, *qui entre doucement.*

JENNY. Pardon, madame, je venais vous demander...

LA MÈRE BAGUENAUDAIS. Eh! c'est la fille de M. Tonson.

BAGUENAUDAIS. Ah! mam'selle Jenny... vous ne me remettez pas... regardez-moi bien... je suis Baguenaudais...

JENNY. Oh! si fait... je te reconnais ; mais par quel hasard te retrouvé-je à Paris?

BAGUENAUDAIS. Je suis revenu chez maman. La voilà... ma maman... j'ai éprouvé toutes sortes de désagrémens depuis notre séparation... quand M. votre père, qui a perdu sa fortune et la tête en même temps, s'est embarqué, grâce aux secours de M. Adderson, il m'a oublié là-bas... je ne lui en veux pas à ce pauvre cher homme... mais j'ai eu du mal à me placer à cause de ma couleur... Enfin je suis entré comme frotteur chez une riche colonne... la plus belle colonne du pays... et c'est ce qui m'a permis d'amasser juste de quoi faire le voyage...

JENNY. Pauvre Baguenaudais, nos peines à nous ont été bien plus cruelles encore... Arrivés à Paris, nous comptions trouver un asile chez un ancien ami de mon père... mais quand on pensa à chercher son adresse... impossible de la trouver... Sir Thomson ne répondait pas à nos questions, les malheurs avaient usé sa raison... et pas un éclair de mémoire ne venait à notre secours... c'est alors qu'Atar-Gull, toujours bon et courageux, suppléa par le travail à la dernière ressource qui venait de nous être enlevée... il avait foulé le sol de la France, de cette terre qui donne la liberté et délie l'esclave de ses devoirs envers son maître... eh bien! loin qu'il nous ait abandonnés, il semble que le malheur ait resserré les liens qui attachent à nous ce serviteur fidèle, cet ami si précieux.

LA MÈRE BAGUENAUDAIS. Il est de fait, mam'selle, que vous devez bien l'aimer.

JENNY, *à part.* Oh! oui... je l'aime... un jour peut-être je pourrai l'avouer sans rougir. (*Haut.*) Mais dites-moi... il est là, près de mon père.

LA MÈRE BAGUENAUDAIS. Oui, mam'selle, avec le médecin.

JENNY. Alors je me retire, ma présence l'affligerait trop.

BAGUENAUDAIS. Tiens, et pourquoi ça?

JENNY. Je lui désobéis en venant ici... Atar-Gull, par amour pour son maître, ne veut pas que je paraisse chez lui ; il craint qu'une émotion trop vive ne hâte le moment fatal ; et moi, cependant, je crois que ma présence et mes soins calmeraient les souffrances de mon père... N'est-ce pas, madame, que la vue d'un enfant qu'on aime ne peut pas faire de mal?

LA MÈRE BAGUENAUDAIS. Pardieu, demandez à ce mauvais sujet-là, si je n'ai pas

été heureuse de le revoir, de l'embrasser...
Oui, vous avez raison, mam'selle, ça fera
du bien à M. Tronson.

BAGUENAUDAIS. En ce cas-là, montons-
y tout de suite.

JENNY. Non pas... lorsqu'Atar-Gull sera
sorti... je crains trop un seul de ses repro-
ches... Permettez-moi d'attendre chez vous
l'instant favorable, et dès que nous l'au-
rons vu partir... j'irai embrasser mon pau-
vre père... ce sera du bonheur pour long-
temps.

LA MÈRE BAGUENAUDAIS. Justement je
l'entends... il est dix heures, M. Targu va
retourner à son ouvrage. Entrez dans ma
loge.

JENNY, à part. Tu me pardonneras,
Atar-Gull ; tu sais combien on peut aimer
son père.

BAGUENAUDAIS, lui présentant la main.
Permettez, mam'selle, que je vous fasse
les honneurs de chez nous.

*La mère Baguenaudais, Jenny et Baguenaudais en-
trent dans la loge au moment où le médecin paraît
au bas de l'escalier.*

SCÈNE VI.

LE MÉDECIN, puis ATAR-GULL, soute-
nant THOMSON ; un peu après, BAGUE-
NAUDAIS.

LE MÉDECIN, précédant Atar-Gull et
Thomson. Là, bien doucement... Je vous
réponds qu'un peu d'exercice fera du bien
à notre malade.

THOMSON. Où sommes-nous ?... Ah ! cet
air... soulage ma poitrine.

LE MÉDECIN, à Atar-Gull. Vous le voyez,
il se sent plus à l'aise ici.

ATAR-GULL. Il faudrait un siége... ses
jambes fléchissent.

BAGUENAUDAIS, arrivant avec un fauteuil.
V'là la bergère à maman.

ATAR-GULL. Ah ! c'est toi... ici ?

BAGUENAUDAIS. Oui, quarteron... Vous
êtes bien bon, je me porte bien... Et
mam'selle Jenny, comment va-t-elle ?

ATAR-GULL. Bien.

BAGUENAUDAIS, à part. Est-ce adroit, ce
que je dis là ?...

THOMSON, assis. Le voilà, mon beau ciel,
que je ne croyais plus revoir...

ATAR-GULL. Que dit-il ?.. il se souvient...
(Allant à lui.) Maître... sir Thomson...
Mais rappelez-vous donc, maître... (Tom-
bant à ses pieds.) Par pitié, rappelez-vous
qu'autrefois...

LE MÉDECIN. Cessez, mon ami, cessez
de vous affliger ainsi. Ce spectacle vous
tue.

ATAR-GULL. Et l'heure du travail qui
m'appelle...

LE MÉDECIN. Ayez confiance en moi...
Encore quelques instans, et je le ramènerai
chez lui ; ce garçon m'aidera à le recon-
duire.

BAGUENAUDAIS. Pardine, je suis là..., et
si vous avez quelques commissions à faire,
monsieur Atar-Gull, ne vous gênez pas. Au
fait, je n'ai pas besoin de vous recommander
ça. Vous m'avez assez fait trimer là-bas.

ATAR-GULL. Vous savez, monsieur le
docteur, mon atelier est à quelques pas...
Si sa raison lui revenait, rappelez-moi,
oh ! rappelez-moi sur-le-champ !

BAGUENAUDAIS. C'est dit... j'irai tout de
suite vous chercher.

Atar-Gull sort.

SCÈNE VII.

LES MÊMES, hors ATAR-GULL.

BAGUENAUDAIS. Il est parti... (Au méde-
cin.) Dites-moi, monsieur le médecin, est-
ce que c'est vrai que la vue de mam'selle
Jenny pourrait causer à ce brave homme
plus de mal qu'il n'en a ?

LE MÉDECIN. Pourquoi me demandes-tu
cela ?

BAGUENAUDAIS. C'est qu'elle est là, cette
pauvre jeune fille.

LE MÉDECIN. Sa fille est là, dis-tu ?

BAGUENAUDAIS. Dans notre loge.

LE MÉDECIN. Il faudrait bien des précau-
tions... mais sa présence peut amener une
crise heureuse... Tu as raison... je vais es-
sayer.

Il entre dans la loge.

BAGUENAUDAIS, à lui-même. Là, j'arrive
exprès pour en remontrer au médecin...
Mais voyons donc un peu s'il me reconnaî-
tra mieux que les autres. (Allant à Thom-
son.) Monsieur Thomson, c'est moi... je suis
votre valet de chambre... Baguenaudais.

THOMSON, sortant de son assoupissement.
Je te remercie, ami... Tu as bien fait de
m'éveiller, je faisais un rêve affreux... Une
jeune fille, un hideux serpent, des cris de
mort... Ah ! je souffrais horriblement.

BAGUENAUDAIS, à part. C'est de mam'-
selle Clémentine qu'il rêvait. (Haut.) Mais
il vous reste encore une autre fille... Jenny.
Vous vous rappelez bien mam'selle Jenny.

THOMSON. Attends... je ne sais... Ah !
malheureux père, elle aussi n'est plus.

BAGUENAUDAIS. Là, ça revenait, et puis
ça redéménage. Faut-il avoir été un homme,
et puis...

LE MÉDECIN, revenant vers Thomson. Elle
n'existe plus, dites-vous, mon ami ; mais
au moins la vue de son image peut adoucir
votre douleur. Tenez, regardez ce portrait.
N'est-ce pas... c'est bien elle... votre
Jenny ?

THOMSON. Ah ! que vous me faites ver-
ser de douces larmes... Oui, oui, je crois
reconnaître... La voilà... telle que je la vis
pour la dernière fois.

BAGUENAUDAIS. Allons, allons, ça ne va
pas mal.

THOMSON. Chère enfant... ton père est
bien malheureux... et tu n'es pas là pour
le consoler.

LE MÉDECIN. Peut-être.

BAGUENAUDAIS. Mais oui.

THOMSON. Je la reverrais ! Est-il possible !
Oh ! non, vous abusez de ma faiblesse...
vous vous jouez de mon cœur.

BAGUENAUDAIS. Faut-il l'appeler ?

THOMSON. Que dis-tu ? Ma fille ! Jenny !
Oh ! qu'elle vienne dans mes bras !

LE MÉDECIN, qui a pris le bras de Thom-
son et paraît compter ses pulsations. Oui,
venez, il n'y a plus de danger, vous pouvez
embrasser votre père.

JENNY, accourant. Ah ! mon père ! il m'est
rendu.

THOMSON, la tenant embrassée. Elle existe,

---

elle existe... ce n'était donc qu'un rêve !
j'ai dormi bien long-temps !

BAGUENAUDAIS. Suis-je arrivé à propos !

LE MÉDECIN, à Thomson. Pleurez...
pleurez, heureux père, ces larmes-là vous
rendent à la vie.

JENNY. Oh ! prévenez Atar-Gull, préve-
nez-le à l'instant ; il sera si heureux !

LA MÈRE BAGUENAUDAIS. J'y cours, ma-
demoiselle.

Elle sort.

THOMSON. Mais où suis-je donc ici ?

JENNY. Près d'un ami et d'un enfant qui
ont bien pleuré.

THOMSON. Que m'est-il donc arrivé ?

JENNY. Ne pense qu'à la joie de nous re-
trouver enfin... Mon père ! embrasse en-
core ta fille.

THOMSON. Oui... encore... Ah ! cette
émotion brise mon cœur ; le bonheur est
au-dessus de mes forces.

JENNY. Dieu ! il s'évanouit !

LE MÉDECIN, soutenant Thomson. Ne
craignez rien, mademoiselle, cette crise
était inévitable ; mais elle le sauvera. (A
Baguenaudais.) Aidez-moi, mon ami, à le
transporter chez lui.

*Baguenaudais et le Médecin montent les marches de
l'escalier.*

JENNY. Je vous suis.

SCÈNE VIII.

LES MÊMES, LA MÈRE BAGUENAUDAIS,
ATAR-GULL, accourant.

ATAR-GULL. Le maître ! le maître ! où
est-il ?

JENNY. Rassure-toi, le docteur répond
de lui ; ce n'est qu'un évanouissement.

ATAR-GULL, stupéfait à l'aspect de Jenny.
Toi ici, maîtresse !

JENNY. Atar-Gull... mon ami, il m'a
reconnue.

ATAR-GULL, avec effroi. Il t'a reconnue...
la mémoire lui revient donc ? Ah ! Job !
voilà l'instant, et le courage m'abandonne.

Il tombe accablé.

JENNY. Mais, mon ami, ce retour à la
raison, ne l'appelais-tu pas de tous tes
vœux ?

ATAR-GULL, se levant. Tu me rappelles
à moi... fuis, jeune fille ; et toi, maître, ne
meurs pas, ne meurs pas ! attends-moi !

Il s'élance sur l'escalier.

FIN DU CINQUIÈME TABLEAU.

Sixième tableau.

Quand le rideau de manœuvre se lève, il fait nuit.
Le théâtre représente une petite chambre du lo-
gement de Thomson ; à gauche, une porte condui-
sant dans une chambre à coucher, au fond, la
porte conduisant au dehors.

SCÈNE IX.

ATAR-GULL, JENNY.

Jenny est assise sur un fauteuil, et Atar-Gull sort de
la chambre de Thomson, tenant à la main une
tasse de porcelaine qu'il dépose sur un meuble.

JENNY. Eh bien...

ATAR-GULL. Il a rouvert les yeux; mais il ne reconnaît personne.

JENNY. Douze heures sans connaissance; douze heures je suis restée à genoux près de lui, réchauffant ses mains dans les miennes, interrogeant son souffle et comptant les battemens de son cœur.

ATAR-GULL. Ta vue l'a tué.

JENNY. O mon Dieu! mais tu te trompes, Atar-Gull; songe donc qu'en me voyant la joie a brillé sur tous ses traits; il m'a couverte de baisers et de douces larmes. Oh! il était heureux, le vieillard, il bénissait le ciel qui lui rendait son enfant. Tu veux que je parte, Atar-Gull; mais s'il m'appelait, veux-tu donc que ce soit en vain? veux-tu donc qu'il accuse sa Jenny de l'avoir abandonné? Oh! non, je ne quitterai plus cette maison; ma place est aussi près de mon père. Je suis jalouse des soins que toi seul tu veux donner, je t'afflige, mais j'y suis résolue; nous le veillerons ensemble.

ATAR-GULL. Maîtresse, cela est au-dessus de tes forces.

JENNY. C'est un devoir, et tu sens s'il est doux à remplir... tu sais, toi, tout ce qu'un père a de droits à notre amour. Oh! laisse-moi prodiguer au mien ces tendres soins, ces caresses qui adouciront ses souffrances; hélas! c'est tout ce que je peux. Sans toi, bon Atar-Gull, qu'aurais-je fait, bon Dieu! que serais-je devenue? Sans amis, sans parens, sans ressource, perdue dans cette ville immense, je n'aurais pu qu'implorer la charité publique pour mon père expirant de douleur et de besoin. O Atar-Gull, sois béni mille fois! toi mon seul appui, mon génie protecteur, mon frère.

ATAR-GULL. Bonne maîtresse! moi aussi j'accomplis un devoir. (A part.) Un devoir bien cruel. (Haut.) Pauvre fille! si pure et si bonne, après le vieillard il te restera Atar-Gull, Atar-Gull dévoué à toi jusqu'au dernier soupir; c'est avec joie que jour et nuit il travaillera pour sa jeune maîtresse. Il n'a pas oublié que tu as eu pitié de lui; et dans le cœur d'Atar-Gull, comme la haine, la reconnaissance est éternelle.

On frappe doucement à la porte du fond.

JENNY. Qui vient?

ATAR-GULL. Le docteur sans doute.

SCENE X.

Les Mêmes, BAGUENAUDAIS.

BAGUENAUDAIS. Non, c'est moi.

ATAR-GULL. Que viens-tu faire ici?

BAGUENAUDAIS. D'abord, savoir des nouvelles : il va toujours tout de même, le pauvre homme? enfin ce n'était pas que pour lui que je venais; maman, qu'est une bonne femme tout au fond, a pensé à une chose; cette chose, c'est un lit; oui, elle s'est rappelé qu'Atar-Gull passait toutes les nuits sur ce fauteuil et qu'il n'y aurait jamais place pour deux; en conséquence elle vous envoie la clef de cette porte de communication, qui donne dans une chambre où tout est préparé pour que vous y reposiez tranquillement.

JENNY. Non, je ne veux pas.

BAGUENAUDAIS. Mademoiselle, vous n'êtes pas raisonnable; si M. votre père avait besoin de vous, Atar-Gull vous préviendrait tout de suite, et en deux temps vous serez auprès de lui.

ATAR-GULL. Sans doute, maîtresse; ne céderas-tu pas à mes prières?

JENNY. Atar-Gull, me promets-tu de m'avertir au moindre danger?

ATAR-GULL. Je te le promets.

JENNY. Eh bien, pour quelques heures je vais profiter de l'offre obligeante que tu me fais, mon ami; mais aux premiers rayons du jour je viendrai prendre ta place, Atar-Gull; car je veux que toi aussi tu prennes du repos. (Allant à la porte de Thomson.) Toujours la même immobilité dans les traits. O mon Dieu! n'auras-tu pas pitié de nous? bonsoir, Atar-Gull, à demain, mon ami.

BAGUENAUDAIS, ouvre la porte de la chambre voisine, Jenny entre dans la chambre à droite; Baguenaudais sort part le fond. Bonne nuit, mademoiselle.

SCENE XI.

ATAR-GULL, seul, regardant sortir Jenny.

Ange de candeur et de bonté! ah! ta présence ici me pesait, tes larmes me faisaient mal; un sommeil doux et paisible comme ton ame va fermer tes paupières; pour toi, du moins, il y a du repos. Il n'y en a plus pour Atar-Gull! n'ai-je pas entendu la voix du maître? Non, il est toujours là, dans son fauteuil, immobile et muet : d'où vient qu'à sa vue je ne sens plus bouillonner mon sang?... d'où vient que l'aspect de ce visage pâle, amaigri par la douleur, me peine et m'oppresse? On dirait que le remords a remplacé le désir de la vengeance... la vengeance! c'était pour l'accomplir cependant que j'étais venu dans un autre monde, et qu'à mon ciel d'azur et de feu j'avais préféré ce ciel pâle et froid. J'ai suivi le vieillard, et pour que personne ne pût se placer entre nous deux, j'ai soustrait, caché à tous les yeux le nom, l'adresse de cet ami qui me l'eût enlevé sans doute. Il fallait que Thomson fût inconnu, fût isolé de tous, pour qu'il fût bien à moi. J'attendais un éclair de raison, il y a un an je l'eusse acheté de ma vie; mais aujourd'hui je tremble que le voile fatal qui obscurcit sa pensée ne se déchire. C'est qu'alors il faudrait tenir le serment que j'ai fait, il faudrait tout dire au vieillard. Pourquoi donc cet aveu, qu'autrefois je brûlais de lui faire... pourquoi m'épouvante-t-il? la pitié peut-être? Oh! non, ne t'abuse pas, Atar-Gull; Job, qui lit dans ton cœur, a dû te maudire. De l'amour pour la fille de son meurtrier! toi... un amour sans espoir, un amour qu'on ne doit même jamais soupçonner. Oh! pardonne-le-moi, vieux Job; tu sais tout ce qu'il m'a fait souffrir; tu sais aussi qu'entre cet amour et son devoir Atar-Gull ne balancerait pas, dût-il mourir. Et toi, Dieu des chrétiens, tu dois être bon; car tu es le Dieu de Jenny, oh! entends ma prière, n'arrache jamais le voile qui couvre les yeux du vieillard, ne lui rends pas sa raison, car elle me rendrait ma haine... Du bruit! cette fois, c'est bien la voix du maître; oui, c'est lui! il a donc retrouvé ses forces! il vient à moi. O mon Dieu! est-ce donc l'heure?

SCENE XII.

ATAR-GULL, THOMSON.

Thomson paraît à la porte de sa chambre; il marche avec peine; Atar-Gull court à lui, le soutient et le conduit au fauteuil.

ATAR-GULL. Maître, vos genoux chancellent, appuyez-vous sur moi.

Thomson, sans rien dire, prend son bras et va s'asseoir; Atar-Gull approche un tabouret et le place aux pieds de Thomson, qu'il regarde avec inquiétude. Thomson reste un moment assis, sans proférer une parole, et regarde aussi Atar-Gull avec une grande attention

ATAR-GULL, à part. Comme il me regarde... Maître, maître, me reconnaîtriez-vous?

THOMSON. Oui, c'est bien aussi sa voix. Oh! qui es-tu donc, toi qui me rappelles le plus brave et le plus fidèle serviteur?

ATAR-GULL. Quoi! maître, vous vous souvenez d'Atar-Gull!

THOMSON. Attends, attends... Ma tête est encore si faible. Atar-Gull, regarde, regarde-moi... Atar-Gull, ne l'ai-je donc pas perdu? Oh! ce n'est plus un songe... mon ami, c'est bien toi que je vois, que j'entends, que j'embrasse,

ATAR-GULL. Malheur! malheur! la mémoire lui revient!

THOMSON. Mais dis donc, dis-moi vite : Jenny, ma fille, c'était bien elle aussi dont je sentais les douces caresses... C'étaient bien ses larmes qui mouillaient mon front et mes cheveux blancs. O mon ami, où est-elle? amène-moi mon enfant... hâte-toi! ne laisse pas à ma raison le temps de m'abandonner encore. Car, je le devine, j'étais fou, n'est-ce pas? ma tête était perdue, et j'ai méconnu ma fille et toi-même... Oh! mais maintenant je te reconnais, je te bénis, mon Atar-Gull. Laisse-moi reconnaître et bénir mon enfant, ma Jenny... la voir, l'embrasser encore; ce sera du bonheur pour jusqu'à mon dernier soupir. Où est-elle?

ATAR-GULL, vivement. Là, maître... vous allez la voir. (Puis se reprenant, à part.) Atar-Gull, que fais-tu? Et ton serment?

THOMSON. Là, dis-tu?

ATAR-GULL. Oui... Oh! mais avant... maître... maître, il faut m'entendre.

THOMSON. Ma fille! si près de moi... Oh! elle, elle avant tout. Jenny...

ATAR-GULL. Ne l'appelle pas, oh! ne l'appelle pas... Veux-tu qu'elle soit témoin...

THOMSON. Je veux l'embrasser avant de mourir. Jenny.

SCENE XIII.

ATAR-GULL, THOMSON, JENNY.

JENNY. Mon père, me voilà, oh! me voilà.

THOMSON. Chère enfant!

JENNY. Deux fois en un jour vous m'ares reconnue, embrassée. Ah! je suis bien heureuse. O mon père, ne méconnaissez plus votre enfant.

THOMSON, *dans le fauteuil, embrassant Jenny.* Il est donc vrai? j'ai pu rester froid, insensible à tes caresses: ta voix a pu frapper mes oreilles sans arriver jusqu'à mon cœur. Et depuis quand, pauvre enfant, souffres-tu de cet affreux spectacle?

JENNY. Depuis notre départ de Jamaïque, depuis un an.

THOMSON. Un an, et quel guide, quel appui c'est-il donc resté qui a soutenu la faiblesse de la jeune fille? qui a pris pitié de la démence du vieillard?

JENNY. Atar-Gull. Oh! sans lui, la misère... Mais le travail de ses jours, de ses nuits, l'a éloignée de vous, mon père, et de votre pauvre Jenny, qui n'avait pour vous que des prières et des larmes. Mais approche donc, Atar-Gull; ce moment de bonheur est ta récompense.

ATAR-GULL, *à part.* Ah! grâce, mon père! mais devant elle je n'en aurai jamais la force.

THOMSON. La joie aussi a son délire; pauvre Atar-Gull... Un moment... je t'avais oublié; approche, bon serviteur, ami fidèle, oh! laisse-moi te presser la main. Dans un instant, peut-être, cette lueur de raison, que Dieu m'envoie, va s'éteindre encore.

JENNY. Oh! non! non! non père!

THOMSON. Je remercie le ciel qui du moins me laisse le temps de recommander ma fille au seul ami que le malheur m'ait laissé. Atar-Gull, ma fille va rester seule sous un ciel étranger, sois pour elle la patrie qu'elle a perdue, le père qu'elle va pleurer peut-être...

ATAR-GULL. Oui, maître, je te le jure, pour Jenny tous les jours que le ciel garde à Atar-Gull.

THOMSON. Et ne posséder plus rien pour reconnaître ce dévouement!

JENNY, *baisant la main de son père.* Mon père!...

ATAR-GULL, *à part.* Ah! ce n'est qu'une dette que je paie... je leur ai fait tant de mal.

THOMSON, *qui regarde sa fille.* Jenny, tu pourrais m'aider à m'acquitter.

JENNY. Moi!

THOMSON. Atar-Gull! il me reste un bien, le plus précieux de tous: à quel autre qu'à toi puis-je le léguer? Oui, il est une récompense que le vieillard peut encore te donner. Jenny, tu m'as compris; ta main, Atar-Gull, cette récompense, la voilà.

ATAR-GULL. La main de ta fille!

THOMSON. Je la donne au plus fidèle, au plus généreux des hommes, Jenny, tu m'approuves, car tu m'embrasses..

JENNY. Oui, mon père. Un dévouement comme celui d'Atar-Gull ne pouvait se payer qu'avec de la reconnaissance et de l'amour.

ATAR-GULL. De l'amour! pour Atar-Gull.

JENNY. Oui, pour Atar-Gull, qui me sauva la vie et m'a conservé mon père.

ATAR-GULL. Tais-toi, tais-toi, jeune fille, tu blasphèmes. Oh! mais si ton Dieu t'entend il va te maudire.

THOMSON. Que dis-tu?

JENNY. Je ne te comprends pas.

ATAR-GULL. O Job, c'est toi qui as voulu que par cet aveu je fusse contraint de faire au vieillard et à la jeune fille l'horrible révélation; eh bien, sois content, je la ferai... mais écoute, maître... garde encore de la force pour jeter l'anathème; Jenny, prépare ton cœur à la haine et au mépris.

JENNY. De la haine, du mépris, pour qui donc? Atar-Gull, d'où vient cette expression de désespoir qui se peint sur tous tes traits?

THOMSON. Pourquoi me regardes-tu ainsi? que me veux-tu?

ATAR-GULL. Achever l'œuvre, et puis mourir.

JENNY. Mais ta tête s'égare!

ATAR-GULL. Écoutez, écoutez tous deux: Thomson, ta mémoire est incertaine... il faut que je l'éclaire... te souviens-tu de l'habitation de San-Yago?

JENNY. Oh! tais-toi.

ATAR-GULL. Tu étais riche, très-riche.

JENNY, *l'embrassant.* Il lui reste une fille.

ATAR-GULL. Il en avait deux... Clémentine.

THOMSON. Ah! quelle blessure tu rouvres...

ATAR-GULL. Ta fortune, ta Clémentine, tu as perdu tout cela.

THOMSON. Oui! un génie de malheur a plané sur moi; il a tout détruit, tout empoisonné.

JENNY. Atar-Gull, pourquoi pleures-tu?

ATAR-GULL. Ah! si tu pouvais ne pas m'entendre... mais c'était écrit là-haut... Maître, ce génie de malheur, c'était moi!

THOMSON. Toi!

JENNY. Oh! tu es en délire! je ne veux pas te croire; Atar-Gull, je ne te crois pas.

ATAR-GULL. Attends encore... Maître, te souvient-il d'un pauvre esclave, de Job?

THOMSON. C'est un souvenir de sang que tu me rappelles.

ATAR-GULL. C'est un crime, car ce vieillard que tu as fait supplicier du supplice des infâmes ne te demandait qu'un peu de maïs et du soleil pour vivre quelques jours encore. Eh bien! ce pauvre esclave, c'était mon père!

THOMSON. Ton père!

ATAR-GULL. Me crois-tu maintenant?

JENNY. Oh! Atar-Gull, ne me dis pas que je dois te haïr, mon cœur ne le pourrait pas. Atar-Gull! reviens à toi.

ATAR-GULL. Malédiction tout entière sur Atar-Gull! car il a tout fait... Maintenant, vieillard, me donneras-tu ton unique enfant? Maintenant, jeune fille, me donneras-tu ton amour?

THOMSON. O mon Dieu! pourquoi m'as-tu rendu la raison!

ATAR-GULL. Maître, quand je voyais s'éteindre ta vie et tes douleurs, il me restait l'espoir de réparer tant de maux: je voulais à force de travail et de dévouement, que ta fille me dût au moins quelques jours heureux et tranquilles; maintenant qu'il m'a fallu tout avouer, tiens, prends ce papier que j'avais caché à Jenny; c'est le nom et l'adresse de cet ami qui vous garde un asile, un peu de bonheur vous y attend encore; allez y maudire Atar-Gull, qui n'a plus rien à faire dan ce monde et qui va retrouver Job.

Il se frappe.

THOMSON. Le malheureux!

JENNY. Atar-Gull!

Elle veut courir à lui, et s'arrête.

ATAR-GULL. Ah! prie pour moi, Jenny, j'ai bien souffert... je t'aimais.

Il tombe et meurt. Jenny se cache dans le sein de son père. La porte du fond s'ouvre. Baguevaudais et le médecin paraissent.

FIN

MAGASIN THÉATRAL ILLUSTRÉ

Mercadet, comédie, 3 actes	50
La Marquise de Senneterre, comédie, 3 actes	40
Claudie, drame, 5 actes	50
Jenny l'Ouvrière, drame, 5 actes	40
Le Riche et le Pauvre, drame, 5 actes	40
Jean le Cocher, drame, 4 actes	50
La Pensionnaire mariée, comédie	40
Les Rubans d'Yvonne, comédie	
La Faridondaine, drame, 5 actes	40
Un Bal du grand monde, comédie	30
La Fille de madame Grégoire, 1 acte	30
Masséna, drame, 3 actes	40
Le Diplomate, comédie, 1 acte	50
Le Mari de la Dame de chœurs, 2 actes	40
La Camaraderie, comédie, 5 actes	50
Frère Tranquille, drame, 5 actes	40
Les Pilules du Diable, féerie, 5 actes	50
Les Enfants de troupe, comédie, 2 actes	40
La Dame aux Camélias, comédie, 5 actes	50
Le Château des Tilleuls, drame, 5 actes	40
Richard III, drame, 5 actes	40
Une Nichée d'Arlequins, comédie, 1 acte	30
Les Femmes du monde, comédie, 5 actes	30
Adrienne Lecouvreur, comédie, 5 actes	50
Le Bourreau des crânes, vaudeville, 3 actes	30
Les Œuvres du démon, drame, 5 actes	40
Deux Marguerites, vaudeville, 1 acte	30
La Haine d'une femme, comédie, 1 acte	30
Elvire ou le Collier d'or, drame, 3 actes	40
Les Diamants de Madame, comédie, 1 acte	30
Le Consulat et l'Empire, drame, 5 actes	40
Maurice ou l'amour à vingt ans, drame, 5 actes	40
La Corde sensible, comédie, un acte	40
L'Ouvrier, drame, 5 actes	30
Diane de Chivry, drame, 5 actes	30
Jacques le Corsaire, drame, 5 actes	40
La Vénitienne, drame, 5 actes	40
Les Fils Gavet, vaudeville, 1 acte	30
Ali-Baba, féerie, 3 actes	40
La Pêche aux corsets, vaudeville, 1 acte	30
La Belle-Mère, comédie, 1 acte	30
Le Prince Eugène, drame, 3 actes	40
Le Mauvais Gas, drame, 5 actes	50
La Poudre de perlinpinpin, féerie, 5 actes	40
L'Ambassadeur, comédie, 5 actes	30
Le Bois de Boulogne, comédie, 2 actes	30
La Partie de piquet, comédie, 1 acte	40
Le Juif de Venise, drame, 5 actes	40
Le Bal du Sauvage, comédie, 3 actes	40
Gusman ne connaît pas d'obstacles, vaudeville	40
Paillasse, drame, 5 actes	40
Avant, Pendant et Après, comédie vaudeville, 3 actes	50
La Quarantaine, comédie, 1 acte	30
Une Indépendance en cœur, comédie, 1 acte	30
L'Ondine, vaudeville, 1 acte	30
Les Noces de Merluchet, com.-vaud., 3 actes	40
Une Idée de jeune fille, com.-vaud., 1 acte	30
Un moyen dangereux, comédie, 2 actes	30
L'Héritière, comédie, 1 acte	40
Les Rues de Paris, drame, 5 actes	40
La Fille du feu, féerie, 3 actes	30
Le Paradis perdu, drame, 5 actes	40
Un Conte de fées, comédie, 2 actes	30
Le Vieux Bodin, vaudeville, 1 acte	40
Les Amours maudits, drame, 5 actes	40
Une Partie de cache-cache, com.-vaud., 2 actes	30
L'Enfant de la Halle, drame, 3 actes	40
La Bataille de l'Alma, drame, 3 actes	40
Grégoire, vaudeville, 1 acte	30
Un Vieux Loup de mer, vaudeville, 1 acte	30
La Bourgeoise ou les Cinq Auberges, drame	40
Les Conquêtes d'Afrique, pièce militaire	40
Voilà ce qui vient de paraître, revue, 5 actes	40
Mauprat, drame, 5 actes	50
Le Cordonnier de Crécy, drame, 5 actes	40
André le Mineur, drame, 5 actes	40
Le Manoir de Montlouvier, drame, 5 actes	40
Le Monde camelotte, comédie	30
Les Vignerons d'Argenteuil, drame, 3 actes	40
Les Carrières de Montmartre, drame, 5 actes	40
Malvina, comédie, 1 acte	30
La Duchesse de La Vaubalière, drame, 5 actes	40
La Tour de Londres, drame, 5 actes	40
Suzanne, drame, 5 actes	40
César Borgia, drame, 5 actes	40
Le Royaume du Calembour, féerie	40

Le Comte Hermann, drame, 5 actes	40
La Servante, drame, 5 actes	40
Vous allez voir ce que vous allez voir, revue	30
La Vie en rose, comédie, 3 actes	40
La Marchande du Temple, drame, 5 actes	40
Madame Lovelace, comédie, 3 actes	40
Les Frères de la Côte, drame, 5 actes	50
La Montre de Musette, comédie-vaudeville	30
La Tour Saint-Jacques-la-Boucherie, drame, 5 actes	40
Atar-Gull, drame, 5 actes	40
Le Diable d'argent, féerie, 5 actes	40
La Question d'économie, com.-vaud	30
L'Enfant du Tour de France, drame, 3 actes	40
Rose la fruitière, vaudeville, 3 actes	30
Le Marquis d'Argentcourt, drame	30
La Tête et le Cœur, vaudeville	30
Le Conscrit de Montrouge, drame, 5 actes	50
Un Million dans le ventre, comédie	30
Les Compagnons de Jéhu, drame, 5 actes	50
L'Ile Saint-Louis, drame, 5 actes	40
Charles XII, drame, 5 actes	40
La Légende de l'Homme sans tête, drame, 5 actes	40
Le Proscrit, drame, 5 actes	40
Rose Bernard, drame, 5 actes	40
L'Amoureux transi, comédie, 5 actes	40
En avant, marche, revue, 3 actes	30
Trois Nourrissons en carnaval, com.-vaud	40
Jacquot Rencherie, parodie, 3 tableaux	30
Le Contrat rompu, vaudeville, 5 actes	40
La Moresque, drame, 5 actes	40
Le Pont-Rouge, drame, 5 actes	40
La Berline de l'émigré, drame, 5 actes	40
La Marnière des Saules, drame, 5 actes	40
Les Canotiers de la Seine, vaudeville, 3 actes	50
Le Maréchal de Villars, drame, 5 actes	40
Vingt Ans ou la Vie d'un séducteur, drame, 5 actes	40
La Jeunesse du jour, vaudeville, 3 acte	30
Les Noces de Tronquette, vaudeville, 1 acte	30
Micaël l'Esclave, drame, 5 actes	50
Les Ménages de Paris, vaudeville, 5 actes	40
On n'est trahi que par les siens, vaudeville, 1 acte	30
Tout Paris y passera, vaudeville, 3 actes	30
Les Chevaux du Carrousel, drame, 5 actes	40
Madeleine, drame, 5 actes	40
La Jarretière rose, vaudeville, 2 actes	30
La Course aux canards, vaudeville, 3 actes	30
L'Etoile du Bocage, drame, 5 actes	40
Les Typographes parisiens, drame, 5 actes	40
Un Secret de famille, drame, 5 actes	40
Monsieur Gogo, vaudeville, 5 actes	40
L'Aveugle de Bagnolet, drame, 3 actes	40
Le Chevalier d'Assas, drame, 5 actes	40
Vive la joie et les pommes de terre, folie-vaudeville	50
Les Chiens du mont Saint-Bernard, drame, 5 actes	40
Les Catacombes de Paris, drame, 5 actes	40
L'Amour dans tous les pays, vaudeville, 5 actes	30
Le Cheval fantôme, légende, 5 actes	40
Les Écoliers en vacances, vaudeville, 3 actes	50
Les Chasseurs de pigeons, vaudeville, 3 actes	40
Modiste et Modeste, vaudeville, 1 acte	
Les Massacres de la Syrie, drame, 8 tableaux	50
Le Doigt dans l'œil, coméd.-vaud., 3 actes	30
Le Naufrage de la Méduse, drame, 5 actes	50
Pied de mouton, féerie, 21 tableaux	50
A vos souhaits, revue, 3 actes, 20 tableaux	40
Les Piliers de café, drame, 4 actes	30
Parisiens en voyage, com.-vaud., 3 actes, 5 tableaux	40
Le Bouquet de violettes, vaudeville, 1 acte	
Rita l'Espagnole, drame, 4 actes	40
Paris-Journal, revue, 3 actes, 15 tableaux	40
Rollan le Maudit, légende, 5 actes	40
L'Ecole des jeunes filles, drame, 5 actes	40
Le Garçon de ferme, drame, 8 parties	40
Les Hirondelles, drame, 5 actes et 8 tableaux	50
La Chambre ardente, drame, 5 actes	50
Les Adieux du boulevard du Temple, fantaisie, 2 actes	40
André Rubner, drame, 5 actes	40
Les Démons de la nuit, drame, 5 actes	40
Le Diable, drame, 5 actes	40
Romulus, comédie, 1 acte, Dumas	40
Le Bonheur de se revoir, com.-vaud., 1 acte	40
La Famille Moronval, drame, 5 actes	40
Les Dangers de l'ivresse, drame, 5 actes	40
Les Démons de l'argent, drame, 5 actes	40
L'Œil crevé, opéra bouffe	50
La Fille de l'air, féerie, 5 actes	50

Paris. — Imprimerie Alcan-Lévy, 61, rue de Lafayette